마술,
다시 청춘으로

실버를 위한 마술수업

마술, 다시 청춘으로

박문수·박찬미·소경희·윤은주·이병채·이희만·조동희 공저

좋은땅

마술, 다시 청춘으로

이 책은 은퇴 후 '마술'과 함께 즐겁고 활기찬 삶을 살기 위한 준비를 하는 멋진 실버들을 위해 만들어진 책이다. 실제로 은퇴 후 실버 마술사로서 제2의 인생을 살고 있거나, 직장에서의 은퇴 후 더 왕성한 활동을 준비하고 있는 현역 실버 마술사들이 이 책의 집필에 참여했다.

100세 시대를 사는 현대 사회에서 우리가 정년퇴직을 하는 나이는 너무나도 젊다. 평생을 각자의 자리에서 최선을 다해 살아왔고 여전히 의욕적으로 뭔가를 할 수 있는데, 어느 날 갑자기 은퇴 후 뒷방 늙은이로 물러나는 것은 정말이지 끔찍한 일이다.

다음은, "어떻게 마술을 하게 되었습니까?"라는 질문에 답한 실버 마술사의 인터뷰이다.

"은퇴 후 이제는 뭔가 즐겁고 재미있는 일을 해 보고 싶었습니다. 우연히 마술을 만났고 호기심에 몇 가지 마술을 배워 보았습니다. 그저 간단한 몇 가지의 마술을 익혀 보여 주었을 뿐인데도 주변 사람들에게 웃음을 줄 수 있었고, 박수를 받을 수 있었습니다. 마술을 시작하고 나서 저의 삶에는 다시 열정이 생겨났고, 주변 사람들과의 즐거운 소통이 행복 했습니다. 언제부터인가 크고 작은 무대에 서게 되었고, 비록 실수투성이였지만, 많은 사람들의 시선을 한 몸에 받으며 박수갈채 속에 무대에서 내려오며 내가 살아 있음을 느꼈습니다."

이 얼마나 멋진 일인가! 그래서 우리는 이 경험을 다른 사람에게도 나누어 주고 싶었다.

마술은 단어 그 자체만으로도 호기심과 재미가 가득하다. 누구나 쉽게 배울 수 있고, 얼마든지 주인공이 될 수 있다. 나이와 상관없이 할 수 있기 때문에, 죽기 직전까지 우리는 현역이다. 다양한 커뮤니티를 통해 마술을 하는 실버 마술사들과 교류하면서 지역사회에서 함께 봉사 공연을 하며 의미 있는 노년을 보낼 수도 있다. 어쩌면 우리는 은퇴 전의 삶보다 더 즐겁고 행복한 일상을 보낼 수 있을지도 모른다.

함께 뜻을 모은 우리 실버 마술사들은 각자 자신이 평소에 가장 많이 사용하는, 그리고 사람들의 반응이 좋은 마술들을 골라서 이 책을 통해 소개하기로 했다. 이제 막 마술을 시작하거나, 마술에 관심을 갖게 된 예비 실버 마술사들에게 이 책이 도움이 되길 소망한다.

이 책을 통해 실버 마술사로서의 첫발을 딛는 여러분의 삶은 더 화려하고 빛날 것이라 확신하며, 마술의 세계에 들어온 여러분을 진심으로 환영한다.

저자 소개

박문수

한국교육마술협회 이사
중앙대학교 예술대학원 석사학위
국제마술사협회(IMS) 박사학위
前 청주교육대학교 교육대학원 발명학과 강사
초·중·고·대학교, 기업 및 기관 특강 다수
대전엑스포 공연 외 2,000여 회 마술공연

박찬미

마술교육 지도사 / 안전코칭 교육지도사 / 진로상담사
대한민국 청춘마술연합회 거제지회장
국제마술사협회(IMS) 정회원
초·중·고 및 문화센터 직업체험과 강의 다수
2022 대한민국 마술강사연합회 최우수지도자상 수상
2023 대한민국 어린이 마술대회 최우수지도자상 수상

소경희

JL마술학교장 / JL매직 명예이사
(사)축제예술문화협회 마술 전임강사
저서 : 《어쩌다 마술》
2010 KBS 〈생방송 아침마당〉 출연
BIMF(부산 국제 매직 페스티벌) 실버부문 대상
전국 청소년 마술경연대회 심사위원장

윤은주

매직파티 대표
한국교육마술협회 임원
마술지도사 / 레크리에이션 및 웃음치료 강사
실버인지 / 동화마술 지도사
한국놀이문화협회 충남지부 전문마술사
경기도 평생교육원 / 중앙대 평생교육원 강의

이병채

광양시 마술협회장
코믹팔러마술연구소장
대한민국 병채로통채로 공연단장
제6회 대한민국 문화예술연예대상 마술 부문 최우수상 수상
제11회 여수 전국마술대회 우수상 수상
2023 전라남도 숲속캠핑축제 마술공연 외 다수

이희만

어울림 국제예술축제 협회장
前 대한민국 청춘마술연합회장
청소년마술대회심사위원
제6회 대한민국 문화예술 연예대상 수상

조동희

극단 공연마켓 대표
前 동아보건대학교 마술학과 교수
마술교육지도사 / 평생교육사
저서 : 《마술교육 가이드》, 《영업하는 마술사》, 《어쩌다 마술》, 《비즈
　　　니스 매직》, 《우리 선생님은 마법사》, 《우리 집은 마법학교》

목차

책머리에 마술, 다시 청춘으로　　　　　　　005

저자 소개　　　　　　　　　　　　　　　008

박문수

1. 폭탄 주사위 (Bomb Dice) 마술　　　　　019

2. 볼 순간이동 (Ball & Vase) 마술　　　　022

3. 미스테리 페이퍼 (Mystery Paper) 마술　　024

4. 장미와 움직이는 완드 (Roses and moving wand) 마술　026

5. 돈이 바뀌는 상자 (Cash Changing Case) 마술　029

6. 체인지 ESP 카드 (Change ESP card) 마술　032

7. 코인 인 보틀 (Coin in bottle) 마술　　035

8. 라이징 케인 (Rising Cane) 마술　　　038

[*] 마술 속의 이야기 (스토리매직)　　　040

박찬미

1. 7이 2로 변하는 카드 (7 to 2 changing card) 마술   046

2. 드롭 링 (Drop Ring) 마술   049

3. 암산 (숫자 예언하기) 마술   051

4. 색깔 바뀌는 공 (Color Change Ball) 마술   054

5. 미라 (Mummy) 마술   057

6. 딜라이트 (Delight) 마술   060

7. 컬러 체인지 베니싱 CD (Color Change Vanishing CD) 마술   063

* 종합 예술이어야만 하는 소통의 방향성   066

소경희

1. 풍선 뚫기 (Balloon through) 마술   073

2. 실크가 장미로 변하는 (Silk to rose) 마술   076

3. 빅 플라워 완드 (Flower wand) 마술   078

4. 슬리빙 플라워 (Sleeving flower) 마술   080

5. 캔디 튜브 (Candy Tube) 마술   082

* 대한민국 청춘마술연합회를 소개합니다   085

윤은주

1. 지폐 뚫는 펜 (Drilling Pen) 마술   092

2. 분리되는 구슬 (Separate beads) 마술   095

3. 밀크 피처 (Milk pitcher) 마술   098

4. 신문지 재생 (Torn and Restored Newspaper) 마술   101

5. 마술 주머니 (Magic Pocket) 마술   104

✳ 인생은 마술처럼!! 마술은 인생처럼!!   107

이병채

1. 하트 스펀지 (Heart Sponge) 마술   115

2. 미움이 사랑으로 변하는 카드 (Hate to Love Card) 마술   117

3. 무지개 끈 (Rainbow cord) 마술   119

4. 삐에로 색깔 입히기 (Colourful Pierrot) 마술   121

5. 불타는 지갑 (Fire Wallet) 마술   123

6. 종이 롤 (White paper roll) 마술   125

✳ 인생은 코믹팔러 마술 같다, 마술이 답이다   127

이희만

1. 하트 실크 스트리머 (Heart silk streamer) 마술   134
2. 풍선 일루전 (Balloon Illusion Box) 마술   136
3. 지엠 판타지 (GM Fantasy) 마술   139
4. 캐릭터 드림백 (Character Dreambag) 마술   141
5. 박스 오브 다이스 (Box of Dice) 마술   143
   소통하는 마술이 재미있다   145

조동희

1. 로프 자르기 (Rope) 마술   151
2. 매직 캔디 박스 (Magic candy box) 마술   154
3. 도브 북 (Dove Book) 마술   157
4. 로프 투 실크 (Rope to Silk) 마술   160
   마술을 하는 사람들과의 교류가 꼭 필요하다   162

◆ 마술 도구 이름 표기에 대하여 ◆   165
◆ 마술 도구 구입에 대하여 ◆   166

박 문 수

따르릉! 따르릉!

"자재공급 업체구만." 혼자 중얼거리며 수화기를 든다.

"여보세요. 자재비 결제 부탁드립니다."

"네, 죄송합니다. 공사대금 회수가 안돼서 며칠만 양해 부탁드립니다." 전화를 끊기 무섭게 건축주에게 전화를 걸어 보지만 이런저런 핑계로 공사대금을 못 받은 지 1년이 넘었다.

대학에서 건축공학을 전공하고 다섯째 형이 운영하는 건축 관련 일을 수년 동안 해 오던 가을의 어느 날! 동네 후배로부터 전화 한 통이 걸려 왔다.

"형님! 오늘 퇴근 후 저희 집에 오실 수 있나요?"

"알았어. 퇴근하고 갈게."

후배는 마당이 훤히 보이는 거실의 소파로 나를 안내하고는 미소 지으며 "마술 보여 드릴게요." 하면서 원목의 직사각형 받침대에 만 원 크기의 종이를 올려놓고 스탬프로 도장을 찍듯 찍는 순간, 종이가 진짜 만 원으로 바뀌었다. 그러고는 "형님! 저와 마술 함께해요." 놀랍고도 당황스러웠다. 마술의 신비로움에 놀랐고, 뜬금없이 마술사라는 직업을 함께하자는 갑작스러운 제안이 더 당황스러웠다.

가을이 끝나 가고 차가운 겨울을 준비하던 11월, 마술의 세계에 첫발을 내딛던 그때를 아직도 추억한다. 준비되어 있지 않은 상태에서 무엇부터 시작해야 할지 막막했지만 일단 부딪혀 보면 해결책도 생길 거라는 확신이 들었다.

그 당시에는 유튜브가 없었기 때문에, 외국인 마술사의 마술 비디오 테이프를 통해 새로운 마술 습득을 해야 하는 환경이었고, 사회적으로 마술에 대한 인식이 그리 좋지도 않았다. 그도 그럴 것이 당시만 해도 '마술' 하면 마을 공터에 천막 치고 약을 팔 때 마술이나 서커스로 사람들을 모으는 호객꾼, 또는 광대 정도로 보던 시절이었기에 어쩌면 그러한 생각이 드는 것은 당연할 수도 있다. 하지만, 지금은 사회적 인식의 변화로 마술사에 대한 인식이 많이 좋아졌고 마술을 단순한 속임수가 아니라 하나의 예술로 그 가치를 인정받고 있다.

마술을 통해 고아원, 양로원, 장애시설 등 많은 봉사 공연을 하게 되면서 무대 공포증이 없어지게 되었고, 그동안 관심이 많았던 봉사활동에 마술을 접목함으로써 더 큰 시너지 효과가 있음을 알게 되었다. 마술을 시작하고 지금까지 거의 30년이 다 되어 가지만, 그동안 단 한 번도 후회를 해 본 적이 없다. 공연이나 마술 수업을 통해 다양한 사람들을 만나게 되는데, 공연을 보고 즐거워하는 관객과 내게 마술을 배운 사람들이 가족이나 주변 지인들에게 마술을 보여 주며 사회성과 자존감을 키우고 즐거워하는 모습을 볼 때 나는 큰 보람을 느낀다.

나에게는 희망이 있다. 마술 속에 이야기가 있는 스토리텔링 매직을 통해 마술의 즐거움뿐 아니라 감동을 더해 주는 가치 있는 마술사가 되는 것이다. 희망이 없는 자는 살아 있되 죽은 거나 마찬가지이다 라고 생각한다.

인간은 행복을 찾기 위해 노력한다. 칼 힐티는 "사람이 의식에 눈뜬 최초의 순간부터 의식이 사라질 때까지 가장 열심히 찾는 것은 뭐니 뭐니 해도 역시 행복한 감정이다."라고 말했다. 나는 가끔 생각에 잠기곤 한다.

어떻게 하면 동물보다 행복한 사람으로 살까? 그래서 생각한 것이 '소소한 행복 찾기'이다. 잠에서 깨어나 눈을 뜨는 순간 살아 있음에 감사하고, 일을 마치고 집에 무사히 도착함에 감사한다. 사랑하는 가족과 친구가 있음에 감사하고, 무엇인가 배우고 도전할 수 있는 건강한 에너지가 있음에 감사한다. 사람은 누구나 행복해지길 원하지만, 누구나 행복한 삶을 살지는 않는다. 그렇기 때문에 행복은 스스로 끊임없이 찾고 만들어 가는 자만이 누릴 수 있는 권리이자 특권이다.

마술은, 나에게 행복이자 삶의 의미이다.

1. 폭탄 주사위 (Bomb Dice) 마술

이 마술은 마술 상자 안에 큰 주사위를 작은 아기 주사위로 만드는 마술이다.

투명한 마술 상자 안에 큰 주사위가 들어 있다는 것을 관객에게 보여주고 양손으로 상자를 감싼 뒤 마술을 걸면 큰 주사위는 사라지고, 대신작은 여러 개의 아기 주사위를 나타나게 할 수 있다.

이 마술은 사전 준비가 간단하고 손쉽게 연출할 수 있으며 큰 주사위를 작은 여러 개의 아기 주사위를 나타나게 하는 마술 외에도 주사위가사라지고 다른 작은 물건들이 나타나게 하는 마술로 응용해서 연출할수 있다는 장점이 있다. 그러나 사전 준비를 해 놓은 상태에서는 준비한 것이 흐트러지지 않도록 조심히 다뤄야 하고, 마술을 보여 주기 전

에 마술 도구를 상대방에게 건네주는 등의 확인에 제한이 있기 때문에 마술에 대한 충분한 이해가 필요하다.

나는 이 마술을 어린이집이나 초등학생들에게 동화구연을 하면서 자주 보여 준다. 왜냐하면 마술에 재미있는 이야기를 담아 스토리 마술로 보여 주게 되면 더 많은 흥미 유발과 집중력을 보이기 때문에 보다 효과적인 결과를 연출할 수 있다.

| 연출 영상 | 해법 영상 | 도구 구입 |

 연출 멘트

1) 여러분을 위해 신기한 마술을 준비했습니다.
2) 여기 투명한 상자가 하나 있습니다.
3) 상자 안에 어른 주사위가 있습니다.
4) 어른 주사위는 결혼을 한 지 10년이 지나도록 아기가 없습니다.
5) 하나님 저에게 아기를 만들어 주세요(소원을 빈다).

6) 주사위야! 춤을 추거라(굵은 하나님 목소리로).

7) 마술 상자를 양손으로 감싸고 제자리에서 춤을 추면서 흥겹게 한 바퀴 돈다.

8) 과연, 손안에 감싸 있는 마술 상자 속에는 어떤 일이 생겼을까요?

9) 우와! 여러 개의 아기 주사위가 탄생했습니다.

2. 볼 순간이동 (Ball & Vase) 마술

이 마술은 마술램프 속에 있는 공을 사라지게 하거나 다른 곳으로 순간이동 시킬 수 있는 마술이다.

마술사는 마술램프의 뚜껑을 열어서 마술램프 속에 공이 있다는 것을 보여 주고 다시 뚜껑을 덮는다. 이 상태에서 마술램프 속에 있는 공을 마술로 꺼내는 듯한 동작을 하고 나서 뚜껑을 열게 되면 공은 사라지고 없다. 연출에 따라, 사라진 공을 주머니나, 주변에 다른 장소에서 나오게 할 수 있다.

이 마술은 사전 준비가 많이 필요하지 않고 도구 사용법도 매우 간단하여 남녀노소 누구나 쉽게 할 수 있다는 장점이 있다. 마술램프의 구조를 이해하면, 단 1분 만에 마술을 배워서 누군가에게 보여 줄 수 있을 정도로 쉽고 재미있다.

나는 일반인을 대상으로 하는 마술 교육에서 이 마술을 자주 다룬다. 마술 자체가 쉬우면서도 마술적 효과가 시각적으로 좋고 다양한 방법으로 응용할 수 있기 때문이다.

| 연출 영상 | 해법 영상 | 도구 구입 |

 연출 멘트

1) 지금부터 마술램프를 이용한 신기한 마술을 보여 드리겠습니다.

2) 여기 마술램프가 있습니다. 뚜껑을 열어 보겠습니다.

3) 빨간색 공이 있습니다. 이제 뚜껑을 덮겠습니다.

4) 이 상태에서, 마술램프 속에 갇혀 있는 공을 먹어 보겠습니다.

5) 냠냠냠 우와! 맛이 없네요.

6) 과연, 마술램프 속의 공은 어떻게 되었을까요?

7) 우와! 공이 감쪽같이 사라졌네요.

3. 미스테리 페이퍼 (Mystery Paper) 마술

이 마술은 종이 지갑에 들어 있는 지폐를 사라지게 했다가 다시 나타나게 하는 마술이다.

겹겹이 접혀 있는 종이 지갑을 펼쳐서 그 속에 지폐를 넣고 다시 접는다. 종이 지갑 속에 갇혀 있는 지폐를 향해 마술을 걸고 종이 지갑을 다시 펼치면 지폐는 사라지고 없다.

돈을 이용한 마술은 언제나 사람들에게 인기가 좋다. 사전 준비 없이 즉시 보여 줄 수 있고 도구 휴대가 간편하여 언제 어디서나 쉽게 연출이 가능하며 상대방의 지폐를 이용할 수 있다는 장점이 있다.

나는 이 마술을 다양한 모임에서 종종 사용하는데, 지폐를 이용한 마술은 늘 관심과 호응이 좋기 때문에 분위기를 띄우는 데 좋은 최고의 마술이다. 지폐는 될 수 있으면 상대방의 것을 이용하는 것이 더 효과적이다.

| 연출 영상 | 해법 영상 | 도구 구입 |

 연출 멘트

1) 지금부터 분위기를 띠우는 환상적인 마술을 보여 드리겠습니다.

2) 여러분, 저에게 지폐 한 장을 빌려주세요.

3) 여기 종이 지갑이 겹겹이 있습니다(접혀 있는 종이를 편다).

4) 이 지폐를 종이 가운데 놓겠습니다.

5) 지폐를 다시 종이로 감싸겠습니다(종이를 접는다).

6) 과연, 종이 지갑 속에 지폐는 어떻게 되었을까요?

7) 수리수리 마수리 얍!

8) 접혀 있는 종이를 펼치겠습니다.

9) 우와! 지폐는 감쪽같이 사라졌습니다.

4. 장미와 움직이는 완드 (Roses and moving wand) 마술

이 마술은 짧은 마술 지팡이를 가지고 2가지의 마술을 보여 줄 수 있다.

마술 지팡이를 손으로 잡고 마술을 거는 순간, 지팡이에는 장미가 나타난다. 꽃이 핀 지팡이를 향해 마술을 걸면 지팡이는 스스로 움직이게 된다.

이 마술은 하나의 마술 도구에 2가지 마술의 장점을 접목한 것으로써 첫 번째는, 사람들이 좋아하는 '꽃'을 이용해 분위기를 띄운다는 점과 두 번째는, 손에 잡고 있는 '완드'가 스스로 움직이게 되므로 신비감을 더욱 고조시킬 수 있다는 것이다.

지팡이와 꽃을 잘 다루기 위해 연습이 필요하지만, 조금만 연습하면 누구나 금방 이 마술을 보여 줄 수 있다.

나는 이 마술을 무대 공연에서 가끔씩 사용하는데, 관객들의 반응이 매우 좋고 연출방법이 비교적 간단하여 사전 준비 없이도 즉석에서 꺼내 사용한다. 생일 등 작은 이벤트나 봉사 공연 등 크고 작은 장소에서 사용하면 좋다.

연출 영상   해법 영상   도구 구입

 연출 멘트

1) 여기 짧은 마술 지팡이가 있습니다.

2) 이 마술 지팡이에는 향기가 없습니다.

3) 하지만 여러분에게서 향기가 나네요.

4) 여러분의 향기를 담아 마술 지팡이를 문질러 보겠습니다.

5) 우와! 아름다운 꽃이 만들어졌네요.

6) 아름다움의 상징은 꽃입니다. 이 꽃처럼 늘 향기 있는 삶 되길 바

랍니다.

7) 이번에는 마술 지팡이와 장미꽃을 잘 보세요.

8) 마술 지팡이가 향기에 취해 스스로 움직이네요. 신기하죠?

5. 돈이 바뀌는 상자 (Cash Changing Case) 마술

이 마술은 필통 크기의 마술 상자 안에 있는 백지가 돈으로 두 번 바뀌는 마술이다.

검은색 마술 상자 안에 백지를 넣고 뚜껑을 닫은 뒤 다시 뚜껑을 열면 백지는 사라지고 만 원이 된다. 만 원을 다시 상자 안에 넣고 반복해서 마술을 걸면 오만 원이 만들어진다.

이 마술은 특별한 기술이 없어도 도구를 이용하여 손쉽게 연출할 수 있는 마술로써, 돈을 사용하는 마술이라는 점이 흥미롭다. 또한 종이가 돈으로 한 번 바뀌고 끝나는 것이 아니라 두 번에 걸쳐 다른 금액의 돈으로 바뀌기 때문에 보다 더 큰 효과를 얻을 수 있다. 사전 준비가 필요하고, 두 번 연속 연출을 위해 도구 사용법을 충분히 이해하는 것이 중요하다.

　나는 이 마술을 공연이나, 소모임에서 종종 사용하곤 하는데 다른 어떠한 마술보다 큰 관심과 호응을 얻곤 한다. 나의 주머니에서 돈을 꺼내는 것보다는, 자연스럽게 상대방의 돈을 빌려서 활용하는 연출이 더 큰 호응을 만들어 낸다. 누군가에게 용돈을 주고 싶을 때 이 마술을 활용할 것을 강력히 추천한다.

연출 영상　　　　해법 영상　　　　도구 구입

 **연출 멘트**

1) 여러분! 멋진 마술을 보여 드리겠습니다. 여러분 중 누가 천 원 지폐 한 장을 빌려주세요.
2) 감사합니다. 여기 빌려주신 천 원 지폐가 한 장 있습니다.
3) 이 지폐를 상자 안에 넣어 보겠습니다.
4) 상자의 뚜껑을 닫습니다. 그리고 마술 주문을 걸겠습니다.

5) (다함께 외쳐 주세요) 수리수리 마수리 얍!

6) 우와! 천 원 지폐가 만 원으로 바뀌었습니다(뚜껑을 연다).

7) 다시 만 원 지폐를 상자 안에 넣겠습니다.

8) 상자의 뚜껑을 닫습니다.

9) 다시 한번 다 함께 마술 주문을 외쳐 보겠습니다(수리수리 마수리 얍!).

10) 우와! 만 원이 오만 원으로 바뀌었습니다.

6. 체인지 ESP 카드 (Change ESP card) 마술

이 마술은 직사각형의 필름지에 있는 모양을 사라지게 하거나 다른 모양으로 바꾸는 마술이다.

직사각형의 필름지에 있는 모양을 관객에게 보여 주고 다른 손바닥으로 도구에 충격을 주면 모양이 사라지거나 다른 여러 가지의 모양으로 바뀌게 할 수 있다.

이 마술은 특별한 준비 없이도 연출이 가능한 것으로써 크게 두 가지로 나눌 수 있다. 첫 번째 연출은 직사각형의 필름지에 그려져 있는 모양을 사라지게 할 수 있고, 두 번째 연출은 직사각형의 필름지에 있는 모양을 다른 여러 가지 모양으로 바꿀 수 있는 다양성이 있다. 특별히 신경 써야 할 부분은 직사각형의 필름지를 손바닥으로 치며 충격을 줄때 빠른 손놀림이 필요하다.

나는 이 마술을 어린이들에게 자주 사용하는 편인데 눈앞에 있던 모양이 갑자기 사라지거나 다른 모양으로 눈 깜짝할 사이에 변하기 때문에 어린이들의 눈동자가 동그랗게 커지는 모습을 자주 보게 된다. 사전 준비 없이 짧은 시간 안에 깜짝 마술을 보여 주고 싶을 때 활용하면 좋다.

연출 영상 　　　　 해법 영상 　　　　 도구 구입

 연출 멘트

1) 여러분 깜짝 마술을 보여 드리겠습니다.

2) 여기에 동그란 원이 있습니다.

3) 원을 손바닥으로 치겠습니다.

4) 우와! 원이 사라졌습니다.

5) 더 신기한 마술을 보여 드리겠습니다.

6) 카드를 마술 도구에 끼워 보겠습니다.

7) 카드에 원이 있습니다.

8) 원을 손바닥으로 치겠습니다.

9) 우와! 원이 별 모양으로 바뀌었습니다.

7. 코인 인 보틀 (Coin in bottle) 마술

이 마술은 병 속에 넣을 수 없는 크기의 동전을 병 속으로 집어넣는 마술이다.

투명한 병과 동전을 보여 주고 동전으로 병 입구를 두드리지만 동전이 병 속으로 들어갈 수 없다는 것을 보인 후 마술을 걸면 동전은 신기하게도 병 속으로 빨려 들어가게 된다.

이 마술은 생활 속에서 쉽게 볼 수 있는 도구를 이용하여 연출하기 때문에 관객의 입장에서 의심 없이 보게 되고 동전이 병 속에 들어갈 수 없다는 고정관념을 깨뜨린다는 점에서 놀라움을 줄 수 있다. 동전을 원활하게 넣고 꺼내기 위해서 병을 선택할 때는 병 입구에서 병 안쪽으로 연결되는 목 부분이 일정하게 원만한 경사로 되어 있는 것이 유

리하다.

나는 이 마술을 식당에서 음료를 마시고 난 후에 그 병 속에 동전을 집어넣는 마술을 즉석으로 종종 보여 주곤 하는데, 매번 사람들이 신기해하고, 주변에 여러 사람들이 보고 박수를 보내기도 한다. 이 마술은 크고 작은 모임이나 회식 자리에서 테이블 위에 있는 병을 이용하여 보여 주면 모임의 분위기를 즐겁게 만드는 데 많은 도움이 된다.

연출 영상　　　　해법 영상　　　　도구 구입

 연출 멘트

1) 지금부터 음료수 병을 이용한 신기한 마술을 보여 드리겠습니다.
2) 여기 병과 동전이 있습니다.
3) 동전은 병 속에 들어갈 수 없습니다(동전으로 병 입구를 두드린다).
4) 수리수리 마수리 얍! (모두 함께)

5) 우와! 동전이 병 속으로 들어갔습니다.

6) 병 속에 들어가 있는 동전은 나올 수가 없습니다.

7) 모두 함께 외쳐 주세요(수리수리 마수리 얍!).

8) 짠! 동전이 병 속에서 나왔습니다.

8. 라이징 케인 (Rising Cane) 마술

이 마술은 작은 동전지갑
안에서 여러 개의 긴 마술지
팡이가 나오는 마술이다.

주먹보다 작은 동전지갑을
관객에게 보여 주고 그 지갑
을 향해 마술의 기운을 불어
넣게 되면, 작은 지갑 속에서
여러 가지 색상의 지팡이를
세 개씩이나 만들어 낼 수 있다.

이 마술은 작은 동전지갑 속에서 긴 지팡이가 한 개도 아니고 세 개
씩이나 만들어지기 때문에 관객이 많은 무대 마술로도 적합하다. 그래
서 공연용으로 사용하기에 적합한 마술이다. 하지만, 효과가 큰 만큼
사전 준비가 필요하고, 충분한 연습이 필요하다. 처음에는 준비하는
데 시간이 제법 걸리지만, 익숙해지면 3~5분이면 준비를 마칠 수 있다.

나는 아이들을 대상으로 하는 마술 공연에 이 마술을 단골로 사용한다. 주머니에서 꺼낸 작은 동전지갑에 꽃가루를 뿌리거나 마술의 기운을 넣는 동작을 보이면서 지팡이가 서서히 위로 올라오게 연출하는데, 시각적 효과가 매우 좋다.

| 연출 영상 | 해법 영상 | 도구 구입 |

 연출 멘트

1) 여러분! 동전지갑 아시나요?

2) 저희 어머니는 항상 동전지갑을 갖고 다니셨거든요.

3) 저도 동전지갑이 주머니에 있습니다.

4) 꺼내 보겠습니다.

5) 동전지갑에 마술의 기운을 넣어 주세요(수리수리 마수리 얍!).

6) 과연! 동전지갑에 무슨 일이 생겼을까요?

7) 우와! 긴 지팡이가 한 개도 아니고 세 개씩이나 나타나네요.

마술 속의 이야기 (스토리매직)

잔잔한 음악이 흐른다.

마술사는 티슈 케이스에서 부드러운 화장지 한 장을 뽑아 들고 찢는다. 찢어진 화장지 뭉치를 입에 물고 당기는 순간 긴 종이 롤이 되어 나온다. 종이 롤 한쪽은 관객에게 주고 한쪽 끝은 마술사가 잡고 한마디 한다.

"여러분 긴 종이 롤이 연결된 것처럼 우리는 수많은 인연의 끈이 연결되어 있습니다. 부모와의 인연, 신과의 인연, 친구와의 인연, 연인 간의 인연 등 이러한 관계 속에서 여러분은 서로서로 안녕하십니까?"

함박눈이 살포시 내릴 것만 같은 '이루마'의 피아노 연주곡이 계속 흐른다. 마술사는 탁자 위에 신문지를 들고 한 장씩 넘기며 무대를 천천히 걷다가 무대 중앙에 우뚝 서서는 신문지 한 장을 찢으면서 "여러분 부모님과의 관계는 안녕하십니까? 자녀와의 관계도 안녕하십니까?" 또한 장을 찢으며 "친구와의 관계도 안녕하십니까? 연인과의 관계도 안녕하십니까?" 나머지 한 장을 찢으며 "신과의 관계도 안녕하십니까? 갈기갈기 찢어진 신문이 꼭 내 모습은 아닌가? 생각해봅니다."

소나기가 내리던 어느 날! 마술 공연을 마치고 돌아가는 길에 눈물이 앞을 가려 도저히 운전을 할 수 없어 길 한편에 차를 세우고 펑펑 운 적이 있다. "신과의 관계가 안녕하지 못합니다. 교만한가 봅니다. 부모와의 관계가 안녕하지 못합니다. 안녕하고 싶어도 세상에 없습니다. 친구와도 안녕하지 못한 친구가 있습니다. 욕심이 많은가 봅니다. 이렇게 찢어진 신문에 사랑의 씨앗을 뿌려 보겠습니다." '사랑해요.' 하면서 신문을 펼치는 순간 찢어진 신문은 원 상태로 회복된다. "찢어진 신문이 회복되듯 우리의 수많은 인연도 회복되기를 간절히 바랍니다."

나는 이렇게 마술에 이야기를 담아 연출하는 것을 좋아한다. 영화나 드라마 속에 나오는 감동적인 연출은 우리들에게 가슴속 잔잔한 울림을 주는 공감대를 형성하고 자신을 성찰할 수 있는 계기가 될 수 있다. 그동안 마술은 단순한 즐거움만을 전달하는 'show'로서만 인식되어 온 듯하다. 물론 즐거움을 줄 수 있다는 것도 큰 의미가 있다. 하지만 이야기가 담긴 마술을 통해 사람들과 소통을 하며 공감대를 이끌어 내고, 드라마틱한 감동을 만들 수 있다면, 사람들의 기억 속에 더 오래 남을 수 있는 마술 명장면이 될 수 있다고 생각한다.

박 찬 미

엄마로서의 삶과 그 세월은 누구나 거의 비슷하다고 본다. 나의 봉사활동은 자녀를 학교에 보내면서부터 시작되었다.

　학부모 자원 상담 봉사, 급식 모니터, 급식 도우미 활동 등 교내에서 이뤄지는 다양한 학부모의 활동들을 도맡아서 하곤 했다. 그러던 중, 상담 봉사활동을 하면서 마술을 접하게 되었고, 이 마술이라는 것을 통해 닫혀 있는 아이들의 마음의 문을 여는 데 도움이 될 수 있을 거라는 생각에 무턱대고 마술의 세계로 입문하게 되었다.

　작은 도전이었지만, 이후 나의 삶에는 놀라운 변화가 일어났다. 마치 마술처럼….

　어린이집, 아동복지센터, 복지관 등 크고 작은 무대에서 마술 공연을 하면서 사람들에게 웃음과 기쁨을 선물하게 되었고, 이러한 활동들마저 봉사활동으로 인정을 받으면서, 초등학교에 마술 수업을 가게 되는 계기가 되었다. 그렇게 시작했던 마술 공연과 초등학교 방과 후 수업 활동이 어느덧 10년을 넘기게 되었다.

　남편의 따가운 눈총 덕분에, 가정에서 아내로서 더 완벽한 모습을 보이고자 더욱 열심히 가사에 충실했다. 정말 쉬는 시간이 거의 없을 정도로 부지런하게 움직였다.

학교 수업에 마술 공연 활동도 모자라 국내에서 열리는 여러 마술대회에도 계속 도전하면서, 밖으로는 마술사로서의 삶과 가정에서는 아내로서의 삶 어느 하나 소홀히 할 수 없는 바쁘고 부지런한 삶을 살아왔다.

내가 만약 평범한 여성이라면, 며느리라면, 아내라면, 엄마라면, … 라면이라는 버거운 인생을 완벽하게 해내고픈 생각이 그저 욕심이었을까? 아니면 누군가의 말처럼, 내게 운명 같은 것이었을까…. 여하튼, 참 힘겹게 열심히 살아왔다고 생각한다.

그렇게 열심히, 충실히 살아온 삶이었건만, 하루가 다르게 변화하고 있는 시대적인 흐름 속에 많은 것을 고민하면서 마음에도 변화가 찾아왔다. 내가 언제까지 초등학교에서 수업을 할 수 있을까. 미래에 대한 불확실성을 인지하고 또 다른 새로운 돌파구를 찾고자 노력을 하고 있다.

내 나이 60을 바라보고 있는 시점에서, 잠시 노후의 모습을 생각해본다.

무의미한 날들을 보낼 것인가! 새로운 것에 도전하여 활기찬 날들을 보낼 것인가!

나는 어떤 삶을 이룰 것이고, 또 어떻게 나의 삶을 마무리할 것인가?
이 세상에 어떤 발자취를 남길 수 있을까라는 생각을 자주 하게 된다.

나의 삶은 마술로 인해 많은 도전과 변화가 있었는데, 그렇다고 세상 모두에게 마술사가 되라고 말하고 싶지는 않다. 각자의 삶이 있지 않은가.

다만, 노후를 준비하는 많은 분들이 계속해서 무언가를 배우고, 그것을 통해 꾸준히 사회 활동을 해내며 보람 있고 왕성한 노년을 보내기를 소망한다.

나처럼 마술이라는 것에 관심을 갖는 많은 분들에게, 나는 이 책을 통해 작게나마 내가 할 수 있는 것을 알려 드리고 이로 인하여 함께 활동하고 공감할 수 있는 사람들이 많아지기를 바란다. 각자의 자리에서, 혹은 기회가 닿아 함께 즐거운 마음으로 봉사활동도 하며 행복한 노후를 장식하면 얼마나 좋겠는가?

건강한 생각이 건강한 삶을 만들어 주리라고 본다. 새로운 세상을 만날 수 있을 거라고 보기 때문이다. 함께 배우고, 즐기고, 누리는 아름다운 노년의 삶을 응원한다.

1. 7이 2로 변하는 카드 (7 to 2 changing card) 마술

이 마술은 5장의 카드를 가지고 하는 마술이며, 상대에게 보여 준 카드가 마술사의 주문을 통해 다른 카드로 바뀌는 마술이다.

마술사는 클로버(♣) 모양의 같은 카드 5장을 상대에게 보여 준다. 그리고 한 장의 카드를 빼고, 대신 하트(♥) 카드 한 장을 넣은 뒤 마술을 걸면, 나머지 4장의 클로버(♣) 카드가 모두 하트(♥) 카드로 바뀌게 된다. 반대로 하트(♥) 카드 네 장이 모두 클로버(♣) 카드로 바뀌게도 할 수 있다.

이 마술은 카드 전체가 바뀐다는 점에서 마술적 효과가 매우 큰 마술이다. 관객에게 보여 준 카드가 한 번에 모두 바뀌어 있는 것을 보는 순간 상대방은 "와~" 하는 탄성을 보내게 된다.

대부분의 카드 마술이 그렇지만, 카드를 잡는 방법이나 진행 순서를 잘 기억해야 하며, 능숙하게 할 수 있을 때까지 여러 번 반복해서 연습을 해야 한다.

같은 자리에서 여러 번 반복해서 보여 주어도 손색이 없을 정도로 효과가 빼어나지만, 멀리에서는 카드의 무늬가 잘 보이지 않을 수 있으므로 큰 무대보다는 소그룹을 대상으로 보여 주기에 적합한 마술이다.

카드 마술은 누구나 다 재미있어 하고 신기해하지만, 특히 청소년 아이들이 카드 마술에 관심이 많아서, 나는 이 마술을 청소년 아이들에게 자주 사용한다. 이 마술은 언제나 좋은 반응을 만들어 낸다.

연출 영상 　　　 해법 영상 　　　 도구 구입

 연출 멘트

1) 제 손에 카드 5장이 있습니다.
2) 이 카드는 하트(♥) 7 카드입니다(뽑아 보이면서 옆에 놓는다).

3) (4장의 카드를 손에 겹쳐서 모아 준다) 수리수리 마수리 얍!

4) (다시 카드를 펼쳐 보이면서) 모두 클로바(♣) 2 카드로 바뀌어 있습니다.

5) (옆에 있는 카드를 다시 집어 들고) 다시 하트(♥) 7 카드를 넣겠습니다.

6) 이상이 없는(카드를 돌려 보이면서) 클로바(♣) 2 카드를 옆에 놓도록 하겠습니다.

7) 다 함께 흔들어 주세요! (여러 가지 동작들을 해 줍니다.)

8) (펼쳐 보이면서) 모두 하트(♥) 7 카드로 바뀌었습니다.

2. 드롭 링 (Drop Ring) 마술

이 마술은 여러 가지 과학적인 원리를 이용한 과학 마술이라고 할 수 있다.

관객들에게 건네주어 이상이 없는 평범한 링과 줄이라는 것을 확인시켜 주고 나서, 링을 잡은 손을 떼면 링은 여지없이 바닥에 떨어진다. 그러나 마술을 걸면 링은 바닥에 떨어지지 않고 줄에 감겨 버린다. 마치 링이 스스로 줄에 감기는 듯한 모습을 직접 눈으로 보는 순간 관객들은 "와~" 하는 탄성을 보내게 된다.

이 마술을 본 대부분이 사람들이 이 마술을 배우고 싶어 하고 가르쳐 달라고 한다. 어떻게 해서 이런 현상이 만들어지는지 숨겨진 과학적인 원리를 이해하고, 반복된 연습이 필요하다. 하지만 누구나 할 수 있기 때문에 조금만 노력하면 99.9% 성공할 수 있다.

나는 이 마술을 매우 좋아한다. 남녀노소를 가리지 않고 누구에게나 좋은 반응이 나오기 때문에 늘 가지고 다니고, 특별한 사전 준비 없이 즉석에서 꺼내 언제 어디서든 간편하게 활용할 수 있어서 단골 메뉴로 많이 사용한다. 사람들과의 소통이나 연인들의 프로포즈 이벤트로도 응용하여 활용할 수 있어서 꼭 배워 보라고 권하고 싶다.

연출 영상

해법 영상

도구 구입

 연출 멘트

1) 여기에 링과 줄이 있습니다.

2) 이 링을 줄에 걸어 보도록 하겠습니다.

3) (링이 바닥에 떨어지는 모습을 보여 주면서) 왜 안됐을까요?

4) 여러분의 에너지를 당기고 모으고 끌어와서 마술을 걸면, 얍!

5) 링이 줄에 걸렸습니다.

3. 암산 [숫자 예언하기] 마술

이 마술은 상대방보다 암산을 빠르게 할 수 있는 수학 마술이라고 할 수 있다. 각각의 기둥에는 숫자가 쓰여 있고, 기둥의 숫자를 더하는 것인데, 언제나 마술사가 상대방보다 빠르다.

기둥이 하나일 때는 계산이 쉽지만, 두 개, 세 개, 네 개로 기둥이 늘어 갈수록 계산에 시간이 걸리지만, 마술사는 쉽게 암산을 마치고 답을 말할 수 있다. 심지어는 계산기를 들고 있는 상대보다 빠르다.

이 마술은 단순해 보이지만, 마치 마술사와 상대방이 게임을 하듯이 함께할 수 있기 때문에 약간의 긴장감과 두뇌 기능을 활성화시켜 주기 때문에 늘 흥미진진하다.

마술사가 계산기보다 빠르게 암산을 하는 모습에 상대방은 놀라움을 느끼지만, 사실 원리를 이해하고 그대로 적용만 하면 너무 쉽게 사용할 수 있는 마술이다.

보통은 소수의 관객을 대상으로 보여 주기에 적합한 마술이지만, 큰 사이즈로 만들어 활용하면 큰 무대에서도 활용할 수 있다. 마침 환경 보호와 탄소중립이 강조되는 시대이니, 주변에 재활용품을 활용해 손수 만들어서 사용해 보기 바란다.

나는 숫자 개념이 들어가는 모든 수학 마술을 매우 좋아한다. 수학을 재미없어 하는 아이들에게도, 치매를 예방해야 하는 노년층에도 이런 마술을 매우 좋다고 생각한다.

이 마술도 특별한 사전 준비 없이 즉석에서 사용할 수 있고, 숫자가 쓰여 있는 기둥의 숫자가 아무리 많아져도 쉽게 할 수 있기 때문에 활용도가 높다. 누구인지 모르지만, 이런 마술을 만들어 낸 그 누군가에게 존경과 감사를 표한다.

연출 영상

해법 영상

도구 구입

1) 여기에 숫자가 적혀있는 기둥이 4개 있습니다.

2) 기둥 1개의 면에 있는 숫자를 더해 보도록 하겠습니다(예 : 2+7+3+9=21).

3) 저보다 암산을 빠르게 하시는 분께는 소정의 선물을 드리겠습니다.

4) 이번에는 기둥 2개를 놓고 보이는 면의 숫자을 더해 보겠습니다 (예 : 27+75+39+96=237).

5) 이제부터 여러분은 계산기를 사용하셔도 됩니다.

6) 여러분은 제가 답을 올바르게 말하는지 확인해 주세요!

7) (기둥 3개를 놓고 숫자를 읽어 주고 답을 바로 말하면서) 제가 암산한 숫자가 맞나요?

8) (기둥 4개를 놓고 같은 방법으로 읽어 주고) 이번에도 제 암산이 맞나요?

4. 색깔 바뀌는 공 (Color Change Ball) 마술

이 마술은 상자 속에 넣은 공이 다른 색상의 공으로 바뀌는 마술이다.

마술사는 상자 속에 아무것도 없다는 것을 확인시켜 준 후 빨간색 공을 상자에 넣고 닫는다. 그리고 상자를 테이블 위에 올려놓고 돌리면서 마술을 걸어 준다. "수리수리 마수리 라부라카 다브리카 얍~!" 그리고 상자를 열면 빨간색 공은 사라지고 대신 파란색 공이 들어 있다.

이 마술의 연출은 단순하지만, 마술 도구의 특성을 잘 이해하지 않으면 실수를 하기 쉬운 마술이다. 때문에 도구를 잘 이해하고 나름대로의 요령이 생길 수 있도록 연출 연습을 해야 한다. 마술사가 혼자 연출을 하는 것보다, 관객의 참여를 이끌어 내어 함께 마술을 성공시키며 소통과 공감을 이끌어 내기 좋은 마술이다.

나는 단순한 연출 속에 상대방이 참여하여 함께 진행하는 마술을 좋아한다. 마술에 이야기를 넣어 마술을 보는 상대방이 다양한 감성을 느낄 수 있도록 연출하는 것도 좋다.

| 연출 영상 | 해법 영상 | 도구 구입 |

 연출 멘트

1) 이 상자에는 아무것도 없습니다.

2) 이 상자에 빨간색 공을 넣어 주도록 하겠습니다.

3) 상자의 뚜껑과 빨간색 공을 넣은 상자를 함께 빙글빙글 돌려 보겠습니다.

4) 마술 주문을 걸어 줍니다. 수리수리 마수리 라부라카 다브리카 얍~!

5) (상자를 열면서) 빨간색 공이 파란색 공으로 바뀌었습니다.

6) (파란색 공을 다시 상자에 넣어 주면서) 상자 뚜껑과 파란색 공을 넣은 상자를 함께 빙글빙글 돌려 주겠습니다.

7) 함께 마술 주문을 걸어 볼까요? 수리수리 마수리 라부라카 다브리
카 얍~!

8) (상자를 열면서) 다시 빨간색 공으로 돌아왔네요.

5. 미라 (Mummy) 마술

이 마술은 관 속에 들어 있는 이집트의 미라가 어떤 색인지를 맞히는 마술로, 재미있는 과학의 원리를 이용한 마술이다. 또한 상대방이 직접 마술에 참여하는 마술이어서 상대방과의 소통에 매우 좋은 마술이라고 할 수 있다.

마술사는 빨강, 파랑, 노란색 미라 3개와 이 미라를 넣을 수 있는 관 모양의 상자를 테이블 위에 올려놓고 마술을 시작한다. 마술사 자신이 뒤로 돌아서 있는 동안, 상대방은 관 속에 자신이 원하는 색의 미라를 넣고, 뚜껑을 닫는다. 그리고 나머지 2개의 미라는 주머니에 넣어 둔다.

준비가 끝나면, 마술사는 관의 뚜껑을 열지 않고, 관 속에 어떤 색의 미라가 들어 있는지 알아맞힐 수 있는 재미있는 마술이다.

사실 이 마술의 비밀은 매우 단순한데, 마술을 연출하는 과정이 자연스럽게 진행될 수 있도록 연출 과정에 대해서 많은 연습을 해야 한다.

이 마술에 적절한 이야기를 만들어 진행을 하는 것도 좋고, '텔레파시를 보내 달라'는 등의 연출 과정을 통해 상대가 마음의 문을 열고 나와 소통을 하는 경험을 자주 하게 되는 마술이다.

나는 이렇게 단순하면서도 함께 소통하고 공감을 이끌어 낼 수 있는 마술을 좋아한다.

남녀노소를 불문하고 어떤 대상에게도 반응이 좋은 마술이니 꼭 배워서 활용해 보기 바란다.

연출 영상   해법 영상   도구 구입

 **연출 멘트**

1) 여기에 빨강, 파랑, 노란색의 미라 3개와 관이 있습니다.

2) 제가 뒤돌아 있을 때 선택한 미라를 관에 넣고 나머지는 숨겨 주세요.

3) (뒤돌아 있는 상태에서 뒤로 손을 편다) 제 손바닥 위에 관을 올려 주세요.

4) (뒤로 돌아 관객을 보면서) 텔레파시를 보내 주세요.

5) 주문을 외칩니다. 수리수리 마수리 라부라카 다브리카 얍~!

6) 관 속에 있는 미라는 ○○색입니다!

6. 딜라이트 (Delight) 마술

이 마술은 손끝에 불빛을 만들 어 내고, 여러 아름다운 동작들 을 통해 신비롭고 환상적인 현상 을 보여 줄 수 있는 마술이다.

마술사는 공중에서 불빛 구슬 을 만들어 내며, 이 불빛 구슬은 양손을 오가며 사라지거나 나타 나고, 혹은 나누어지거나 합쳐 지기도 한다. 아름다운 춤을 추듯이 부드럽게 연출하고, 모든 연출 동작 들이 끝나면 손끝에 있던 불빛은 바람에 날리듯 사라지는 마술이다.

이 마술은 불빛이 나타나고 사라지는 마술 자체의 비밀은 너무나 간 단하지만, 연출 과정이 자연스럽게 보여질 수 있도록 많은 연습이 필요 하다. 실제로 관객 앞에서 공연을 한다고 생각하고, 어두운 조명 아래 음악을 준비해서 실제처럼 반복해서 연습을 해 보기를 권한다.

실제 마술 공연 무대에서 이 마술을 자주 사용하는데, 무대를 폭 넓게 사용하면서 연출을 하고, 느리고 부드러운 음악 혹은 신나고 빠른 음악 어떤 연출로도 가능하여, 얼마든지 아름다운 연출 동작을 보여 줄 수 있다. 또한 무대뿐만 아니라 관객석까지도 모두 활용하여 연출할 수 있는 마술이기 때문에 활용도가 높다.

꼭 무대가 아니어도, 조명을 적절하게 맞추어 놓은 상태에서 말을 하면서 진행하는 스토리 마술로도 연출할 수 있는 좋은 마술이다. 아동을 대상으로 하는 공연에서는 코믹한 연출을 보여 줄 수 있기 때문에 언제나 높은 호응으로 반응이 좋은 마술이다.

연출 영상

해법 영상

도구 구입 1

도구 구입 2

💬 연출 멘트

1) (공중에서 불빛을 당겨 오는 것처럼 연출하며) 저 하늘에 아름다운 밤하늘의 불빛이 있네요.

2) (불빛이 양손에서 자유롭게 이동하는 것처럼 연출하면서) 불빛이 춤을 춥니다.

3) (손을 올려 머리 주변에서 불빛이 움직이는 것처럼 연출하면서) 머리 주변을 빙글빙글 돌고 있네요.

4) (오른쪽에서 왼쪽 귀로, 왼쪽에서 오른쪽 귀로 이동) 불빛이 귀로 들어가서 반대편 귀로 나오네요.

5) (불빛을 먹으면서 위를 흩어 내리고 올리고 뱉어 내는 연출을 하며) 불빛을 먹으면 다시 몸 밖으로 나오기도 합니다.

6) (왼손에 있는 불빛을 공중에 던지고 오른손으로 받아 주는 연출을 하면서) 시선은 불빛을 따라가듯이 좌우로 움직이며 불빛을 던지고 받습니다.

7) (불빛을 계속 먹는 것처럼 연출하면서) 불빛을 맛있게 먹어요.

8) 아이구 배야 통통통 (배 잡고 흔들어 주면서) 통통통

9) (응가했다는 느낌으로) 불빛을 뽑아내고

10) (바람에 날리듯이) 사라집니다.

7. 컬러 체인지 베니싱 CD (Color Change Vanishing CD) 마술

이 마술은 회색 CD가 빨간색 CD, 노란색 CD, 파란색 CD로 바뀌는 마술이다. 관객들의 호응을 이끌어 내기에 좋은 마술로서 관객과 대화를 하며 진행하는 마술로 할 수도 있고, 무대에서 음악과 함께 연출 동작으로만 보여 주기에도 충분히 좋은 마술이다.

마술사가 회색 CD를 종이 케이스에 넣고 빨간색 리본을 걸어 잡아당기면 빨간색 CD로 바뀌어 나오게 되고, 같은 방법으로 회색 CD가 노란색과 파란색으로 바뀌어 나오게 된다. 대부분 관객들이 종이 케이스에 회색 CD가 숨겨져 있다고 생각하지만, 마술사는 종이 케이스를 완전히 열어 아무것도 없는 것을 보여 줌으로 해서 관객들의 예상을 넘어 반전을 주는 매력적인 마술이다.

이 마술은 초등 학생들이 학예회나 장기자랑에도 사용할 수 있을 정도로 쉽고 단순하다. 하지만, 진행 과정에서 마술사가 관객들과 함께 주문을 외치는 등의 호응을 이끌어 내기가 쉬운 마술이어서 성인이나 실버 마술사들도 무대에서 충분히 활용할 수 있다.

'CD'라는 것을 모르는 연령대의 대상들에게는 '원판'이라고 표현을 해도 좋으며, 남녀노소 어느 대상에게 보여 주어도 재미있어 하는 마술이다.

나는 마술 수업에 참여하는 학생들이 학예회나 학교 예술제의 무대에서 이 마술을 꼭 연출하도록 권하는데, 항상 호응이 좋아서 학생들에게도 가장 인기 있는 마술이기도 하다.

마술에 이야기를 입혀 말을 하면서 진행하는 연출도 좋고, 말을 하지 않고 음악에 맞추어 동작으로만 연출하는 것도 좋다. 학예회를 준비하면서 학생들과 함께 연출 음악을 고르고 각자의 이야기를 만들기도 하면서 소통하고 공감하면서 행복을 많이 느꼈던 마술이다.

연출 영상   해법 영상   도구 구입

1) 여기에 회색 CD 3장이 있습니다.

2) (회색 CD 한 장을 케이스에 넣으면서) 이 회색 CD 한 장을 넣습니다.

3) 빨간색 리본이 있네요. (빨간 리본을 상자의 구멍에 넣으면서) 영어로는 뭐라고 하지요?

4) 수리수리 마수리 라부라카 다브리카 얍~! 빨간색 CD로 바뀌었네요.

5) (회색 CD 한 장을 케이스에 넣으면서) 이번에도 회색 CD을 넣습니다.

6) 노란색 리본이 있네요. (노란 리본을 상자의 구멍에 넣으면서) 영어로는 뭐라고 하지요?

7) 이번에는 함께 주문을 외칩니다.
   수리수리 마수리 라부라카 다브리카 얍~! 노란색 CD로 바뀝니다.

8) (남은 회색 CD 한 장을 케이스에 넣으면서) 마지막 회색 CD를 넣도록 하겠습니다.

9) 파란색 리본이 있습니다. (파란 리본을 상자의 구멍에 넣으면서) 영어로는 무엇이라고 하지요?

10) 큰 목소리로 다시 한번 주문을 외칩니다.
    수리수리 마수리 라부라카 다브리카 얍~! 파란색 CD로 바뀝니다.

11) 그럼 이번에는 케이스를 볼까요? 아무것도 없습니다.

종합 예술이어야만 하는 소통의 방향성

마술의 세계는 정말 무궁무진하다.

나는 마술을 하면서 '어떻게 표현을 해야 더욱 흥미롭게 소통하며 함께 즐길 수 있을까?' 하는 생각을 많이 한다. 왜냐하면 마술을 통해 사람들과 함께 마음을 나누며 즐기는 것이 좋았기 때문이다.

잘 연출된 마술을 보여 주기 위해 노력하였고, 이를 보면서 관객이 즐거워하는 모습에 언제나 행복함을 느꼈다. 나에게 마술은 그저 보여 주는 것만이 아니라, 함께 소통하면서 즐거움을 나누는 것으로 진정한 행복한 삶을 만들어 주는 중요한 수단이 되었다.

실제로 마술 공연을 준비해 보면 미처 생각해 보지 않았던 많은 것들이 필요하다는 것을 알게 된다. 처음에는 별다른 의식 없이 그저 마술 도구를 잘 다루는 나의 모습에 만족하곤 했다. 그러나 내가 경험하고 얻은 '마술을 표현하기 위해 필요한 것들'은 너무나도 많기에, 이 책을 읽는 독자들을 위해 작은 경험을 허심탄회하게 나눠 본다.

마술 공연에서 특수하게 제작된 마술 도구는 기본적으로 다뤄지며, 나에게 적합한 음악과 무대 의상을 골라야 하고, 연기는 물론 춤을 추기도 해야 한다.

예를 들어, 앞서 소개한 딜라이트 마술(불빛을 이용한 마술)을 보면, 이 마술을 응용하여 제작된 다양한 도구들, 딜라이트 의상, 딜라이트 꽃, 딜라이트 전등, 레이저 등을 추가로 활용하면 더욱더 환상적인 공연을 연출할 수 있다. 이때 불빛들을 이용하여 무용을 하듯이 아름답게 표현하기도 하고, 춤을 추듯이 음악의 흐름에 맞춰 느리게 혹은 빠르게 연출하기도 한다. 또한 피켓에 불빛으로 메시지를 담아 전달하는 방법도 있다.

이렇게 다방면의 공연 방법들을 구상하고 연출하다 보면 마술은 정말 '종합 예술'이어야만 한다는 사실을 알게 된다. 그렇다고 시작도 하기 전에 겁을 먹을 필요는 없다. 마술의 세계에 발을 딛게 되면 종합 예술의 경지가 어디까지인지 고민하고 실천하면서 자연스럽게 스스로 적응하고 깨닫게 될 것이다. 내가 마술을 하면서 강조하고 싶은 것은 스스로 건강함과 행복함을 가져야 한다는 것이다. 즐겁게 마술 연출을 이어 나가야 하며, 관객의 즐거움을 책임지기 위해 많이 연구해야 한다. 또한 사회 속에서 새로운 활동을 하는 것에 행복함을 느끼고, 상대방에게 즐거움을 선물하고 있다는 것에 자긍심을 가져야 한다.

여러분들의 자신감 있는 활동은 소통의 에너지가 되어 보다 젊은 나날을 보내게 할 것이다.

단순히 관객을 속이는 것을 넘어 무대 위에서 종합 예술의 경지를 꿈꾸며 꾸준하게 노력하고 관객과의 친근한 소통 방법을 생각하면서 어느 순간 변화하는 자신을 발견하는 순간, 새로운 희열을 맛보게 될 것이라고 확신한다. 이 글을 읽고 있는 여러분들이 필자보다 연배가 어릴 수도, 많을 수도 있다. 하지만 나이가 어떠하든 간에 항상 배운다는 마음으로 관객과 소통하며 한껏 젊음의 에너지를 선물 받았다고 감사하길 바란다. 더 좋은 무대를 위하여 마술 연습을 하고, 음악에 맞추어 연출도 해 보고, 다음에 공연할 것을 고민하고, 새로움을 위해 춤과 마임, 도구를 활용하고 연구하는 활기찬 모습을 보여 주길 바란다. 건강한 여러분들을 기대하며!

소 경 희

마술은 나에게 마법처럼 다가왔다.

그리고는 어느새 17년이라는 세월이 순식간에 지나갔다.

이 책을 집필하면서, 2024년 현재 내가 63세니까, 앞으로도 이렇게 좋은 마술을 20년은 더 할 수 있을 거라고 생각했다.

그런데, 2023년에 군산에서 열린 한 마술대회에서 90세 되신 전병윤 선생님이 출전하셔서 우수상과 특별상을 받으셨다. 90세의 나이에 무려 2관왕이 된 것이다.

이분을 가까이에서 겪으면서, "난 나이가 많아서 못 해, 손이 느리고, 머리가 나빠서 못 해."라는 말은, 핑계에 불과하다는 것을 절실히 깨달았다. 그렇다면 나는 아직도 30년은 더 마술을 할 수 있으니 얼마나 좋은가.

아마도, 마술을 막 시작하려는 분들, 혹은 마술을 좋아하시는 분들이 이 책의 독자가 될 것이라고 생각하며, 이렇게 응원해 주고 싶다.

'일단 무조건 배워 보시라. 봉사 공연이든 길거리 마술 공연이든 그냥 시작해 보시라'

마술은 보여지는 시간보다, 보여지지 않는 연습의 시간이 더 길다. 똑같은 것을 수없이 반복해서 연습하는 지루함조차도, 나의 마술을 보게 될 관객들의 반응을 생각하면 큰 즐거움이라고 생각한다. 마술을 직접 할 때도 행복하지만, 나는 연습을 하는 시간이 더 달콤하게 느껴질 때가 많다. 한여름 무더위도, 한겨울 강추위도 잊어버리고 시간 가는 줄 모르고 연습을 하니 말이다. 연습처럼 좋은 스승이 없다. 연습은 최고의 스승이다.

여러분이 인생 2막을 준비하고 있는 독자라면, 꼭 마술이 아니어도 좋다. 노래든 춤이든 그 어떤 장르이든, 마음이 가는 대로 일단 시작해 보자. 가슴이 뛰는 대로 한번 도전해 보자.

1. 풍선 뚫기 (Balloon through) 마술

이 마술은 막대풍선에 바늘을 찔러도 풍선이 터지지 않는 신기한 마술이다. 풍선에 바늘을 찔러 넣을 때 느껴지는 긴장감이 이 마술의 백미라고 할 수 있다.

큰 무대나 TV에서 마술사가 미녀를 상자에 넣고 칼을 찔러 넣는 대형 마술이 있는데, 마치 그 마술을 작게 축소시켜 놓은 듯한 마술이다. 즉석에서 바람을 불어넣은 팽팽한 막대풍선에, 큰 바늘을 그것도 두 개나 열십자 모양으로 찔러 넣는데도 풍선이 터지지 않는 모습을 보며, 관객들은 도대체 어떤 트릭이 숨겨 있는 건지 아무리 찾아보려 해도 찾을 수가 없는 마술인데, 마술의 비밀이 생각보다 너무 간단하다.

특별한 사전 준비를 하지 않고 즉석에서 할 수 있어서, 항상 예비 마술로 가지고 다니는 마술이기도 하다. 나는 이 마술을 연출할 때, 실수인 척 일부러 첫 풍선을 터뜨리고 다시 도전하는 것처럼 연출하는 것을 좋아한다. 이렇게 연출을 하면, 대부분의 사람들이 두 번째 시도에서 더 긴장감을 가지고 바라보기도 하고, 어린아이들은 귀를 막고 잔뜩 긴장한 표정으로 마술사를 보게 되는데, 그런 시선이 너무 귀엽기도 하고 재미있다.

대부분의 마술이 그러하듯이, 이 마술 역시 트릭은 간단하지만, 연출하는 과정이 자연스럽게 될 수 있도록 실제처럼 연습을 충분히 해야 한다. 초보 마술사들에게 이 마술이 참 좋은데, 트릭이 너무 쉬운 마술이어서 오히려 연습을 소홀하게 하는 바람에 정작 터지지 않아야 할 시점에서 풍선이 터지는 경우를 종종 본다. 역시 세상에 공짜는 없다. 수영을 배울 때, 당연히 물을 좀 먹는 게 당연한 것처럼, 이 마술을 익힐 때 풍선이 터지는 건 당연한 것이다. 충분한 연습만이 답이다.

연출 영상   해법 영상   도구 구입

💬 연출 멘트

1) 막대풍선을 불어 보겠습니다.

2) 이 풍선을 원형 통 안에 넣어 보겠습니다.

3) 이제 이 큰 바늘을 찔러 보겠습니다.

4) 바늘이 하나 더 있습니다. 이번에는 열십자 모양으로 옆에서 찔러 보겠습니다.

5) 풍선이 터지지 않는 신기한 마술입니다.

6) 원형 통에서 풍선을 꺼내도 여전히 터지지 않고 이상이 없는 풍선 이네요.

2. 실크가 장미로 변하는 (Silk to rose) 마술

이 마술은 빨간 손수건 한 장을 장미로 만드는 마술이다.

손에 들고 있는 손수건을 주먹 안에 잘 넣고 마술을 걸면, 예쁜 장미 봉우리로 변하게 되고, 이것을 꽃대에 올리면 장미 한 송이가 된다.

손수건 한 장으로 장미꽃을 만들어 내는 마술은 오래전부터 마술사들이 즐겨 해 왔던 마술이고, 그 방법 또한 셀 수 없을 만큼 다양하다. 연습을 정말 많이 해야 하는 아주 어려운 기술도 있고 간단한 방법도 있는데, 이 마술은 정말 간단하게 손수건을 장미로 바꿀 수 있는 마술이다.

많은 마술들이 그렇지만, 이 마술은 손수건을 쥐고 있는 손의 모양과 위치, 그리고 관객의 시선과 각도가 중요하다. 실제처럼 연출을 한다 생각하고, 큰 거울 앞에서 연습을 하는 것이 좋고, 충분한 연습을 했다면 스마트폰으로 동영상을 찍어서 자연스럽게 보이는지, 마술의 트릭이 정면에서 보이지는 않는지 점검을 하며 연습을 하는 것이 바람직하다.

    마술 실력이 쌓이면, 얼마든지 더 어렵고 멋진 기술로 장미꽃을 만드는 마술을 할 수 있다. 하지만 그전까지는, 이 마술로도 충분히 여러분의 무대를 빛나게 할 수 있다.

    잔잔한 음악 한 곡에 맞추어 장미꽃 한 송이를 만들어 내는 순간이 오길 응원한다.

연출 영상   해법 영상   도구 구입

 연출 멘트

1) 여기 손에 빨간 손수건 한 장을 들고 있습니다.

2) 이 손수건을 주먹 안에 잘 넣어 보겠습니다.

3) 여기 꽃대가 있습니다.

4) (손안에 장미를 꽃대에 올리며) 손수건이 예쁜 장미로 변했네요!

3. 빅 플라워 완드 (Flower wand) 마술

이 마술은 아무것도 없는 화분에 화려한 꽃송이를 여러 개 만들어 내는 마술이다. 단순한 마술이지만, 한순간에 화려한 색상의 꽃들이 만들어지기 때문에 시각적으로 매우 좋은 효과를 줄 수 있는 마술이다.

이제 막 무대 공연을 시작하는 초보 실버 마술사들에게는 이런 종류들의 마술들이 참 쉽고 좋다. 복잡한 준비가 필요하거나 연출 과정이 어려운 마술들은 아무래도 초기에는 실수도 많이 하고 자연스럽게 연출하기가 어려운데, 이 마술은 사전 준비가 어렵지 않고, 연출 과정에서도 거의 실수가 없는 마술이다. 게다가 큼직한 화분 꽃에 화려한 색상이 직관적으로 보여지기 때문에 꽃이 나오는 순간 관객들로부터 박수를 받게 된다.

마술 자체는 1분도 걸리지 않는 짧은 시간에 연출이 되지만, 여기에 나름대로의 이야기를 담아 말을 하면서 진행을 해도 좋고, 멘트 없이 음악에 맞추어 적절한 동작을 가미해 연출을 하면 더 재미있게 보여 줄 수 있으니, 각자 다양한 연출을 만들어 시도해 보기 바란다.

| 연출 영상 | 해법 영상 | 도구 구입 |

 연출 멘트

1) 예쁜 화분이 하나 있습니다.
2) 막대기가 하나 있는데요, 이 막대기를 화분에 꽂아 보겠습니다.
3) 화분과 막대기에 마술 가루를 뿌려 주고 마술을 걸어 보겠습니다.
4) 화분에 예쁜 꽃이 피었습니다.

4. 슬리빙 플라워 (Sleeving flower) 마술

이 마술은 아무것도 없는 손에서 손수건 한 장을 이용해 꽃다발을 만들어 내는 마술이다.

앞서 소개한 꽃이 나오는 마술들에 비해 이번 마술은 조금 난이도가 있는 마술이다. 이 마술을 위해 소매가 긴 적절한 의상을 준비해야 하고, 반드시 사전 준비를 해야 한다. 그리고

대부분 이 마술은, 무대에 등장해서 첫 순서에 하게 되는데, 그렇지 않으면 다른 마술을 연출할 때, 손이 부자연스럽거나 불편하기 때문이다.

무대 위에 마술사가 등장해서 손수건 한 장을 꺼낸다. 그저 평범해 보이는 손수건 한 장이다. 그리고 잠시 후 그 손수건에서 활짝 핀 꽃다발이 나오는 순간, 관객들은 박수를 보내게 된다. 여러분도 충분히 이 마술을 잘 해낼 수 있다.

이런 종류의 무대 마술은 반드시 큰 거울 앞에서 연습을 해야 하고, 각도에 따라서 트릭이 노출이 되는 경우가 있으니 여러 각도에서 연습을 해 봐야 실제 공연에서 실수 없이 멋지게 마술을 성공시킬 수 있다. 이 마술을 위해 제작된 도구를 사용하면 좀 더 편하게 연출을 할 수 있고, 비슷한 다른 꽃다발로도 연출이 가능하다. 꼭 꽃이 아니더라도 손수건 한 장을 가지고 아무것도 없는 빈손에서 무언가를 만들어 내는 마술은 활용도가 높기 때문에 반드시 익혀 보길 바란다.

| 연출 영상 | 해법 영상 | 도구 구입 |

 연출 멘트

1) 여기 손수건 한 장이 있습니다.

2) 그저 평범한 손수건인 걸 확인시켜 드립니다.

3) 공중에서 마법의 기운을 가져옵니다.

4) 마술 주문과 함께, 얍! 예쁜 꽃다발이 만들어졌습니다.

5. 캔디 튜브 (Candy Tube) 마술

이 마술은 아무것도 없는 원통 안
에서 다양한 물건을 만들어 낼 수 있
는 마술이다.

아무것도 들어 있지 않은 투명한
원통을 보여 주고, 케이스에 집어넣
는다. 원통에 마술을 걸어 주고 나서
다시 투명한 원통을 꺼내면 그 안에
다양한 물건이 가득 들어 있는 멋진
마술이다.

마술을 보는 관객에 따라서, 어떤 물건을 넣느냐에 따라 다른 마술이
될 수 있다. 아이들을 대상으로 하는 마술이라면, 사탕이 가득 들어 있
는 마술로 보여 줄 수도 있고, 청소년들을 위해서는 시원한 음료나 과
자가 나오게 할 수도 있다. 성인들을 위해서 와인이나 맥주가 나와도
좋다. 원형 통 안에 들어갈 수 있는 것이라면 어떤 것도 가능하다. 이렇

게 다양한 물건을 내 마음대로 나오게 할 수 있는 마술, 정확히는 이런 마술이 가능한 마술 도구는 활용도가 매우 높기 때문에 초보 마술사들에게는 너무나 좋은 마술이다.

연출 영상에서는, 아무것도 없는 통에서 사탕이 나오는 것이 아니라, 3개의 사탕을 넣고 마술을 걸어서 그 사탕이 많아져서 통을 가득 채우는 마술로 연출을 했다. 여러분도 나름대로 다양한 연출을 만들어 활용해 보기 바란다.

| 연출 영상 | 해법 영상 | 도구 구입 |

 연출 멘트

1) 여기 멋진 원통이 있습니다.
2) 이 안에는 투명한 원통이 있구요. 원통 안에는 아무것도 없습니다.
3) 투명한 원통을 케이스에 넣어 보겠습니다.

4) 그리고 마술을 걸어 보겠습니다. 하나, 둘, 셋!

5) 다시 원통을 꺼내 보겠습니다.

6) 와우! 사탕이 가득 들어 있네요! 신기하고 맛있는 마술이죠?

대한민국 청춘마술연합회를 소개합니다

잠시 멈춰 서서, 마술의 어떤 점이 나를 무려 17년이라는 긴 시간조차 단 며칠처럼 느껴질 만큼 쉼 없이 달려오게 했었나 생각해 본다.

나는 노래도 못하고, 시나 글을 쓰는 것에도 재능이 없다. 그렇다고 운동신경이 좋거나 그밖에 어떤 것도 딱히 내세울 만한 재능이 없다. 그럼에도 불구하고, 내가 유독 마술을 오랫동안 하고 있는 걸 보면, 마술은 타고난 재능이나 능력이 없어도 누구나 충분히 할 수 있는 문화예술이라는 생각이 든다. 무대를 좋아한다면, 내가 좋아하는 것을 나누기를 좋아한다면 마술에 도전해 보시라고 권해 드리고 싶다.

마술은 특성상 혼자서는 즐길 수 없기 때문이다. 단 한 명이라도 관객이 있어야만, 마술이 이루어지기 때문이다. 용기를 내서 도전해 보기를 바란다.

대한민국 청춘마술연합회는 나와 같이 마술을 향한 열정이 가득한 사람들이 함께 교류하는 모임이다. 우리는 언제든지 여러분을 환영한다. 서로 마술에 대한 대화나 정보도 나누고, 기회가 닿는다면 같은 무대에서 함께 공연을 해 볼 수 있기를 소망한다.

윤 은 주

나이 50을 바라보던 어느 날 우연히 무대에서 공연을 하는 마술사를 보고는, 집에 돌아와서 그 모습이 계속 머릿속을 떠나지를 않았다. 호기심인지, 부러움인지 모를 나도 저렇게 해 보고 싶다는 충동과 열망에 밤잠을 설쳤던 기억이 아직도 엊그제 일만 같다.

　그렇게 우연히, 혹은 운명처럼 마술이 내 인생에 찾아왔다. 마술의 힘이었는지, 결국 그렇게 될 일이었는지, 이후로 나의 삶에 많은 변화가 찾아왔다. 내성적이고 잘 웃지도 않고 무표정이었던 내 삶이 달라졌다.

　좋아하는 노래에 마술 연출 동작을 맞추고, 연극을 하듯, 춤을 추듯 무대에 오르기만 하면 얼굴 표정이 나도 모르게 행복에 젖어 든다. 단 한 명의 관객이 앉아 있더라도, 나에게는 크고 꽉 찬 무대이다.

　마술사이자 마술강사, 그리고 실버 전문 강사로서 활동한 지가 벌써 10여 년이 넘는다.

그동안 누구보다도 왕성한 활동을 해 오면서, 어르신들의 인지 향상을 위해 같이 웃고 춤추고 즐기며 "건강합시다! 행복합시다! 사랑합니다!"를 수도 없이 외쳤다.

〈새타령〉을 부르며 비둘기 마술을 보여 드리고, 〈사랑의 밧줄〉이라는 노래에 맞춰 '로프 마술'을 보여 드리고, 〈꽃 타령〉에 꽃이 나오는 마술을 보여 드렸다. 어디 이뿐인가. 인생 희로애락에 빠지지 않는 돈 얘기를 하며 돈이 나오는 마술을 보여 드렸다. 어르신들은 내가 보여 드리는 뻥튀기 마술을 보며 어린 시절 장터에서 귀를 막고 "뻥이야!"를 외치던 뻥튀기 장사를 회상하셨다.

마술은 끝없는 상상의 세계이다. 요즘은 '치매 예방'이라는 말보다는 '인지 향상'이라는 말을 더 많이 사용한다. 어르신들이 마술을 배우며 손가락을 움직이고, 생각을 하는 연습을 자꾸 하다 보니 이런 일련의 활동들이 곧 인지 활동이며 신체 활동이다. 이 두 가지를 동시에 하게 되니 결국 뇌 기능 향상은 저절로 된다.

어르신들로부터 어릴 적 동네에 찾아온 서커스단에서 보았던 신기한 마술을 잊을 수가 없었는데, 이제서야 배운다며 어린아이처럼 해맑게 웃으시는 모습에 나도 함께 즐거운 미소를 짓게 된다. 마술을 통해 삶의 활력을 찾고, 이 나이에도 못할 것 없다는 자신감을 회복하시는 모습을 보며, 사명감과 보람을 함께 갖게 된다.

이제 막 문을 두드리고 있는 여러분! 마술의 세계로 들어와 함께할 수 있음에 무한한 기쁨을 느낀다. 사랑합니다!

1. 지폐 뚫는 펜 (Drilling Pen) 마술

이 마술은 볼펜으로 뚫었던 지폐가 감쪽같이 원래의 상태로 돌아오는 재미있는 마술이다.

마술사는 지폐 한 장 꺼내 특별한 이상이 없는 평범한 지폐라는 것을 확인시켜 준다. 그리고 볼펜을 꺼내 일말의 망설임도 없이 지폐를 뚫어버린다. 볼펜을 내려놓고 지폐에 마술을 걸면, 분명히 볼펜으로 구멍을 뚫었던 부분에 찢어진 흔적 하나 없이 멀쩡하다.

특별히 사전 준비 없이 내 주머니에서 지폐 한 장을 꺼내서 즉석에서 보여 줄 수 있는 마술이어서 휴대가 용이하고 상대와 가까운 거리에서 보여 줄 수 있다는 점에서 참 좋은 마술이다. 마술의 트릭은 간단하지만, 볼펜과 지폐를 다루는 과정이 자연스럽게 보여질 수 있도록 연습을 많이 해야 한다. 상대의 눈앞에서 바로 마술이 이루어지기 때문에 각도와 작은 손놀림에 주의해야 한다.

　나는 보통 돈에 관한 스토리텔링을 할 때, 이 마술을 자주 사용한다. 내 주머니에서 지폐를 꺼내도 좋지만, 기왕이면 마술을 보는 상대방에게 즉석에서 지폐를 빌려서 마술을 보여 주면 더 좋다. 내가 혼자 열심히 보여 주는 마술보다는, 상대와 이야기를 나누며 진행되는 마술이 훨씬 재미있고, 분위기도 월등히 좋다.

연출 영상　　　　　해법 영상　　　　　도구 구입

 연출 멘트

1) 여기 지폐가 있습니다.
2) 이제 볼펜으로 이 지폐에 구멍을 뚫어 보겠습니다.
3) 하나, 둘, 셋!!!
4) 볼펜이 지폐를 뚫고 나온 거 보이시나요?

5) 이번에는 지폐를 볼펜으로 뜯어내도록 하겠습니다.

6) 이제 구멍 나고 찢어진 지폐에 마술을 걸어 보겠습니다.

7) 접혀 있는 지폐를 펴서 확인해 보겠습니다.

8) 신기하게도 지폐에 뚫린 구멍이 없어졌네요.

2. 분리되는 구슬 [Separate beads] 마술

이 마술은 2개의 컵 속에 각각 들어 있는 여러 개의 구슬이 섞여 있다가 한 번에 다시 분리되는 마술이다.

마술사는 2개의 컵을 손에 들고, 컵 속에 있는 구슬을 보여 준다. 하나의 컵에는 분홍색 구슬이, 다른 하나의 컵에는 초록색 구슬이 들어 있다. 분홍색의 구슬을 연두색 구슬이 있는 컵에 붓고 컵을 흔들어 섞어 준다. 이 상태로 두 개의 컵을 등 뒤로 가져가서 마술 주문을 걸면, 섞여 있는 구슬이 처음처럼 각각의 컵에 분리되어 담겨 있다. 마술을 보는 관객이 '어떻게 그렇게 빨리, 그것도 등 뒤에 있는 구슬을 눈으로 보지도 않고 서로 분리해서 컵에 담을 수 있지?' 하고 아무리 생각해 봐도 쉽게 답을 찾을 수가 없다. 하지만, 이 마술의 비밀을 알게 되는 순간, 아마 여러분은 어떻게 이런 생각을 통해 마술을 만들었는지 놀라며 한편으로는 너무 간단한 마술의 비밀에 허탈한 웃음을 짓게 될 것이다.

마술의 비밀은 간단하지만, 등 뒤에 구슬을 분리할 때, 분홍색 구슬이 바닥에 떨어지지 않도록 주의해야 한다. 역시 연습을 충분히 하는 것밖에는 별다른 뾰족한 방법이 없다.

이 마술은 특별히 사전 준비가 필요 없고, 즉석에서 컵과 구슬을 꺼내 연출할 수 있을 정도로 쉽다. 나름대로 이야기를 만들어 스토리텔링을 하며 연출을 해도 좋고, 무대 위에 관객을 불러서 마술에 참여시켜 연출을 하는 것도 좋은 방법이다.

연출 영상   해법 영상   도구 구입

 연출 멘트

1) 여기 양손에 각각 컵을 들고 있습니다.

2) 한쪽은 분홍색 구슬이, 다른 한쪽에는 초록색 구슬이 담겨 있습니다.

3) 분홍색 구슬을 초록색 구슬이 담겨 있는 컵에 부어 섞어 보도록 하겠습니다.

4) 이제 컵을 등 뒤로 가져가서 보지 않는 상태에서 마술을 걸어 줍니다.

5) 주문을 함께 외쳐 주세요. 수리수리 마수리!!!

6) 짠! 구슬이 분리되어 각각의 컵에 담겨 있습니다.

7) 신기한 마술이죠? 감사합니다.

3. 밀크 피처 (Milk pitcher) 마술

이 마술은 컵에 담겨 있는 우유가 감쪽같이 사라지는 마술이다.

마술사는 컵에 담겨 있는 우유를 보여 준다. 그리고 흔히 사용하는 A4 용지 혹은 신문지를 고깔 모양으로 말아서 손에 쥐고, 컵 속에 우유를 붓는다. 우유가 반 이상 줄어든 컵을 테이블 위에 내려놓고, 고깔 모양의 종이를 펼쳐 보지만, 우유는 없어지고 고깔을 만들었던 종이는 젖은 흔적조차 없다. 도대체 우유는 어디로 사라진 걸까?

마술을 위해 제작된 특수한 도구를 사용하면 좀 더 쉽게 다양한 마술을 금방 익혀 보여 줄 수 있다. 하지만, 마술 도구의 원리와 특성을 잘 이해하여야 한다. 이 마술 역시, 우유가 아니라 우유가 담겨 있는 컵이 특수한 구조를 가지고 있다. 그래서 마술을 하기 전에 사전 준비를 세

밀하게 잘해야 한다. 그리고 우유가 담겨 있는 상태의 컵을 잘 다루는 연습을 해야 한다.

　나는 이 마술을 어린아이들에게 몸에 좋은 우유와 관련된 스토리텔 링 마술로 연출하는 것을 좋아한다. 하지만 성인들을 대상으로는 음악 에 맞추어 멘트 없이 연출을 하는 편이다. 마술의 효과를 높이기 위해 고깔에 반짝이 가루나 종이 꽃가루를 넣어 마술의 말미에 확 뿌려 주는 연출도 매우 좋은 방법이다. 우유 외에, 커피나 오렌지 주스 같은 음료 를 사용하는 것도 가능하다. 하지만 투명한 물이나 탄산음료는 피하는 것이 좋다.

연출 영상　　　　　　해법 영상　　　　　　도구 구입

 연출 멘트

　1) 여기 우유가 가득 담겨 있는 컵이 있습니다.

　2) 종이를 고깔 모양으로 말아서 손에 쥐고 있겠습니다.

　3) 이제 우유를 이 고깔에 부어 보겠습니다.

4) 고깔의 아랫부분을 잘 잡고 있어서 아직은 우유가 흘러내리지 않습니다.

5) 이제 컵을 내려놓고, 고깔에 마술을 걸겠습니다.

6) 하나, 둘, 셋!!!

7) 이제 고깔을 펼쳐 보겠습니다.

8) 우유가 모두 사라졌습니다. 감사합니다.

4. 신문지 재생 (Torn and Restored Newspaper) 마술

이 마술은 관객이 보는 앞에서 분명히 찢어진 신문지가 원상태로 돌아오는 정말 신기한 마술이다.

마술사는 신문지를 들고 여러 번 찢는다. 그리고 찢어진 신문지를 뭉쳐 손에서 구긴 후 마술을 걸어 준다. 구겨진 신문지를 다시 펴면, 분명히 찢어져 있던 신문지가 감쪽같이 원래대로 돌아오게 된다.

특수한 도구가 아니라, 우리의 일상생활에서 쉽게 구할 수 있고, 평범한 신문지를 가지고 보여 주는 마술이기 때문에, 관객들이 더 신기해하고 재미있어 한다. 나는 이 마술을 하는 날은, 아마도 이 마술을 본 사람들이 집에서 신문지를 찾아 찢어 보는 걸 한두 번은 해 봤으리라 생각하며, 피식 웃곤 한다.

지금은 스마트폰을 통해 뉴스를 더 많이 찾아보는 시대가 되었지만, 신문이라고 하는 것이 우리 주변에서 늘 일어나는 일생의 희로애락이 모두 담겨 있는 소재여서 어떤 이야기를 만들어 붙여도 공감대를 이끌어 내기가 쉽다.

신문의 재질, 즉 종이라는 것이 한번 찢어 버리면 풀이나 테이프를 사용하지 않고서는 결코 되돌릴 수 없는 것이 현실이지만, 적어도 마술의 세계에서는 찢어지기 이전의 상태로 돌아오는 것이 가능하다. 세상의 모진 풍파 속에 이리저리 상처 입고 찢어진 사람들의 마음속 걱정과 근심도 이 마술처럼 회복될 수 있었으면 좋겠다는 생각을 해 본다.

연출 영상

해법 영상

 연출 멘트

1) 여기 신문지가 있습니다. 이 신문지를 찢어 보도록 하겠습니다.
2) 우리의 마음은 종종 근심과 걱정으로 상처를 입고 이 신문지처럼

찢어지기도 합니다.

3) 하지만 서로가 이해해 주고 감싸 주고 사랑해 주면,

4) 우리의 찢어졌던 마음도 다시 회복될 수 있겠죠?

5) 마치 이 신문지처럼요. 감사합니다.

5. 마술 주머니 (Magic Pocket) 마술

이 마술은 비어 있는 주머니에서 다양한 물건을 만들어 내는 마술이다.

마술사는 비어 있는 주머니를 관객에게 보여 준다. 그리고 주머니 안에 보이지 않는 무언가를 넣는 시늉을 한다. 그리고 주머니를 열면, 다양한 물건이 주머니에서 나오게 되는 마술이다.

내가 원하는 다양한 물건을 주머니와 마술을 통해 나타나게 할 수 있는 훌륭한 마술이다. 마술을 보여 주는 장소와 대상에 따라 다양한 물건들을 활용할 수 있어서 나는 이 마술이 참 좋다. 다만, 주머니가 두툼하지 않고 얇은 편이어서 사전 준비를 통해 준비하는 물건들이 너무 무겁거나 부피가 크면 마술을 시작도 하기 전에 비밀이 탄로나거나, 연출 과정에서 애를 먹고 실수를 하게 될 수 있다. 어떤 물건이 나오면 좋을지 나만의 적절한 소재와 연출 방법을 만들어 내는 과정이 오히려 더 많은 시간과 노력이 들어가는 과정이라고 할 수 있다.

이 마술은, 물건을 넣고 사라지게 하는 마술도 가능하고, 반대로 아무것도 없는 주머니에서 물건을 나타나게 할 수도 있다. 나타나는 것도 가능하고, 사라지는 것도 가능하다면, 두 개의 물건이 서로 바뀌는 것도 가능하므로, 여러모로 다양하게 연출할 수 있다는 것이 장점이다.

나는 어른신들 앞에서 마술 공연을 하게 될 때는 '사랑합니다. 건강하세요. 행복하세요.'와 같은 특별한 문구를 프린팅하여 주머니에서 나오게 함으로써 메시지를 전달하는 것을 좋아한다. 마술적 효과를 극대화하기 위해서, 종이 꽃가루를 넣어 주머니가 확 펼쳐질 때 극적인 효과가 나도록 하는 것도 좋은 응용 방법이다.

| 연출 영상 | 해법 영상 | 도구 구입 |

1) 여기 주머니가 하나 있습니다. 주머니 안을 보여 드리겠습니다.

2) 아무것도 없는 주머니입니다. 주머니에 하트를 담아 보겠습니다.

3) 뿅뿅~ 사랑의 손 하트입니다.

4) 이제 마술을 걸어 보겠습니다. 수리 수리 마수리! 얍!

5) 주머니를 펼쳐 보겠습니다.

6) (사랑합니다 메시지를 펴 보이며) 여러분 사랑합니다! 감사합니다!

인생은 마술처럼!! 마술은 인생처럼!!

실버를 대상으로 하는 마술 강좌에서 어떤 분이 내게 오셔서는, 당신께서 어릴 적 동네에 찾아온 서커스단에서 보았던 마술들이 너무 신기했고, 아직도 그때의 궁금함을 잊을 수 없었다 하셨다. 비록 은퇴 후 인생의 노년기에 들어서야 기회가 왔지만, 이번에는 기회를 놓치지 않고 마술을 제대로 배우고 싶다고….

마술을 처음 접하는 실버 마술사님들에게 진심을 담아 말해 주고 싶다.
마술은 종합 예술이다. 누구나 생각하고 느낀 것들을 마음껏 표현할 수 있는 권리가 있고, 각자 나름대로의 개성과 장점이 있다. 또한 여러분은 그동안의 삶 속에서 무수히 많은 것을 보고 듣고 겪어 온 소중한 경험이 있다.

마술을 시작하면서 마술 도구를 접하게 되면, 처음엔 누구나 다 마술의 비밀에 관심을 갖게 된다. 어떻게 하면 마술이 되는지, 도구를 다루는 방법에 심취하게 되는 게 일반이다.
그러나 조금씩 경험이 쌓이고 누군가에게 마술을 보여 주는 일이 잦

아지게 되면, 단순히 마술 보여 주는 행위 자체보다는, 마술을 연출하는 과정에 더 많은 고민과 노력을 하게 된다.

이때가 되면, 자연스럽게 마술을 통해 여러분의 인생 경험을 풀어내 보라고 조언하고 싶다.

각설이 품바처럼, 젠틀한 신사처럼, 우아한 공주처럼, 춤추는 무희처럼….

오늘은 멋진 트로트와 함께, 내일은 흥겨운 민요와 춤을 넣어서….

여러분만의 경험에 독특한 개성을 더해 표현해 보시라고 응원하고 싶다.

흔히들 인생은 희로애락의 결정체라고 한다.

마술에 인생의 경험을 더해 보시라. 마술에 인생을 표현하고, 인생을 마술처럼 찬란하게 한 발 한 발 나아가시라.

"내 나이가 어때서 마술하기 딱 좋은 나인데~"

어느 트로트 가사처럼, 인생 이 막 멋진 인생을 위하여!!

이 병 채

"인생은 코믹팔러 마술 같다. 마술이 답이다."

    내가 마술을 시작하고서부터 가장 많이 외치는 말이다. 세상에는 직업도 많고 각자 살아가는 방법도 다양하다. 인생에는 모범 답안이라는 것이 없다. 하지만, 이웃과 더불어 사는 것 즉 사회적인 활동이 없다면 삶의 목표도 없는 것이라고 생각한다. 나의 목표는 삶의 마지막까지 코믹팔러 마술과 함께하는 것이다.

    나는 사면이 바다에 둘러싸여 언제나 바다 내음으로 가득한 곳, 김을 채취하는 작은 섬마을에서 태어나 꿈 많은 소년 시절을 보냈다. 지금은 육지와 다리로 연결되어 있고, 유명한 광양제철소가 있는 전남 광양시 금호동(금호도)이다. 그런데 세계 최고의 제철소가 들어오면서 이제는 15만 명이 넘는 중소도시가 되고 다양한 이웃과 더불어 함께 사는 큰 도시가 되었다. 많은 사람이 어울려 사는 곳이다 보니, 지역사회 발전을 위한 봉사활동도 다양하고 저마다 추구하는 목표도 각양각색이다.

직장 외에 청년회, 산악회, 축구클럽 등에서 소소한 이웃 봉사를 시작하다가, 우연한 기회에 온 가족과 함께하는 요양원 봉사활동을 경험할 기회가 있었다. 그 시절 내가 주로 하던 봉사활동은 노력 봉사와 함께 재미있는 이야기를 하며 함께 웃고 책 읽어 주는 활동이었다. 이전에는 사람들에게 웃음과 행복을 선사하는 봉사활동이 이렇게 즐거운 것인지 미처 모르고 살았다. 처음에는 요양원이나 경로당 등에서 청소나 말벗으로 시작한 것이었는데 이제는 봉사활동 자체가 또 하나의 직업처럼 되어 버렸다. 즐거운 봉사를 위해서 시작한 것이 웃음을 매개로 하는 품바 복장의 코믹팔러 마술이었다.

'코믹팔러 마술'이란 정식 무대에서 볼 수 있는 마술쇼의 일정한 격식에서 벗어나, 시간과 장소의 구애를 받지 않고 재치 있는 풍자와 익살로 관객과 함께 소통하고 즐기는 새로운 마술의 한 장르라고 할 수 있다.

코믹팔러 마술은 정말 매력적이다. 주로 코믹팔러 마술로 재능 기부 봉사 공연을 하고 있고, 어린이집부터 경로당까지 다양한 곳에서 왕성한 활동을 하고 있다. 어느샌가 지역사회에서는 '병채로통채로 이병채 코믹팔러 마술사'로 알려져 유명세를 타서 그 덕분에 초청도 많이 받아 쉴 틈 없이 공연을 해 오고 있다. 코믹팔러 마술의 묘미는 마술에 대한 호기심뿐만 아니라 함께 즐기는 즐거움에 있다. 나이도 신분도 상관이 없다. 어린이부터 호호 할머니들에게까지 누구에게나 웃음을 선사할 수 있는 것이 코믹팔러 마술이다.

전문가 혹은 직업인으로서의 코믹팔러 마술사가 아니더라도, 우리의 일상생활 속에서 코믹팔러 마술은 신기한 선물이다. 딱딱한 교육이나 강의 중에도 간단한 도구를 활용한 코믹팔러 마술 한 가지가 사람들에게 나를 영원하게 기억하게 하는 계기가 될 수 있다. 코믹팔러 마술은 영혼도 바꾸고 얼굴도 웃는 모습으로 바꾸는 신비한 기능이 있다. 한 시간의 명강의보다 1초의 코믹팔러 마술은 마음을 감동시키고 잊을 수 없는 추억을 선사한다.

누구나 코믹팔러 마술사가 될 수 있다. 부단한 노력이 있으면 새로운 분야의 마술도 개척할 수 있다. 취미에서부터 사업 성공을 위한 기술도 될 수 있고 특히 재능 기부 봉사의 기쁨도 누릴 수 있다. 혼자서 배우는 것보다는 여러 선배들의 스킬을 책이나 인터넷 등을 통하면 배우기가 더 편하다고 말하고 싶다.

코믹팔러 마술의 신기함과 원리의 이해를 통한 인성개발, 언어개발, 예술적 감각 등을 접목하면 사람들로부터 "코믹팔러 마술 최고야, 최고! 아이 좋아라! 멋져 버려!"라는 탄성이 절로 나올 것이다.

코믹팔러 마술은 사람들에게 꿈을 주기도 하고 호기심을 갖게 하는 문화예술이다. 새로운 경험과 프로그램을 진행하다 보면 코믹팔러 마술의 희극적이고 재치 있는 풍자와 캐릭터는 우리들의 삶의 질 향상과 자신감이 생기도록 하는 창의력 발상, 소통하는 힐링의 시간을 보내는 데 도움이 된다.

코믹팔러 마술은 혼자 즐기는 것이 아니라 이웃과 하는 즐거움이 있다. 지역사회에 재능봉사도 지역주민과 함께하는 것이다. 같은 맥락으로 코믹팔러 마술 공연도 관객이 있어야 하고 관객과 함께할 수 있는 즉 공감을 느끼는 코믹팔러 마술이면 성공한 공연이라 할 수 있다. 관객은 한 명이라도 족하다. 더 많은 이웃과 함께하는 공연이면 더 좋겠지만 욕심을 버리고 즐기는 코믹팔러 마술이 필요하다.

우리 모두 코믹팔러 마술을 배워 보자. 한 가지 마술만 익혀도 여러분의 이미지가 달라질 수 있다. 어린이, 학생, 직장인, 어르신 등 코믹팔러 마술의 세계로 누구나 환영한다. '병채로통채로' 이병채와 함께하는 코믹팔러 마술은 쉽고 누구나 같이할 수 있다. 특히 퇴직 이후는 코믹팔러 마술과 함께하면 백 세 인생 백 세 건강 치매 예방과 지역사회 발전에 중심적인 역할로 건강한 지역사회를 만드는 데 앞장설 수 있으며 매일매일 "아이 좋아라, 멋져 버려요."라는 말이 따라다닐 수 있다고 생각한다. 우리 모두 코믹팔러 마술을 통해 불가능한 현실을 가능하게 보여 주고 문화예술 발전과 공동체 활성화 및 건강증진으로 행복한 삶을 즐기도록 하자.

1. 하트 스펀지 (Heart Sponge) 마술

이 마술은 작은 4개의 하트 스펀지를 모아서 사랑이 담긴 큰 하트를 만드는 마술이다.

이 마술은 다양한 내용으로 스토리텔링을 넣어 응용해서 보여 줄 수 있다. 나는 봉우리를 표현하는 둥근 공 모양의 스펀지 위에 자식의 사랑을 표현하는 작은 하트 4개를 차곡

차곡 올려놓는다. 그리고 이 모든 스펀지를 모아서 마술을 걸면 크나큰 부모의 사랑이 더해져 가족 간의 사랑을 표현하는 큰 하트로 변하게 되는 마술로 연출하는 것을 좋아한다.

4개의 작은 스펀지가 큰 하트로 변하는 순간 관객들의 반응이 매우 뜨겁다. 말랑말랑한 재질의 스펀지여서 다루기가 쉽고 누구나 쉽게 연출할 수 있다. 신기하면서도 잔잔한 감동을 주는 마술이다.

연출 영상   해법 영상   도구 구입

 연출 멘트

1) 아버지 어머니는 산 정상에 있는 봉우리를 보여 줍니다.

2) 첫째 자녀는 작은 하트를 가지고 산에 올라가 봉우리 위에 놓습니다.

3) 둘째 자녀도 작은 하트를 가지고 산에 올라가 봉우리 위에 놓습니다.

4) 셋째 자녀도 작은 하트를 가지고 산에 올라가 봉우리 위에 놓습니다.

5) 넷째 자녀도 작은 하트를 가지고 산에 올라가 봉우리 위에 놓습니다.

6) 아버지 어머니가 봉우리 위에 놓여 있는 작은 하트 네 개를 가지고 함께 가족의 큰 사랑을 만듭니다. 그래서 가족은 사랑입니다.

2. 미움이 사랑으로 변하는 카드 (Hate to Love Card) 마술

이 마술은 카드의 그림이 바뀌는 정말 신기한 마술이다.

마술사는 먼저 미움이라고 하는 카드 4장을 보여 준다. 그리고 사랑의 카드를 한 장 올려놓고 카드에 마술을 걸면, 4장의 미움 카드가 모두 사랑 카드로 변하게 되는 마술이다.

이 마술의 '미움 카드'는 우리의 삶 속에서 일어나는 미움과 불만, 짜증, 증오를 연상시킨다. 그러나 마술을 통해 미움이 사랑으로 변해야 한다고 믿으며 마술을 걸면, 함께하는 사람들이 모두 사랑으로 변하게 하는 참 행복한 카드 마술이라고 할 수 있다.

연출 영상 　　　　해법 영상 　　　　도구 구입

 연출 멘트

1) 여기 5장의 카드가 있습니다.

2) 미움이라고 하는 카드가 4장 있습니다.

3) 그리고 사랑이라고 하는 카드가 한 장 있습니다.

4) 이 사랑 카드를 4장의 미움 카드 위에 올려놓습니다.

5) 마술을 걸면, 카드가 모두 사랑 카드로 변해 버렸습니다.

6) 우리의 삶에 미움보다는 사랑이 더 가득한 여러분이 되시길 바랍
니다.

3. 무지개 끈 (Rainbow cord) 마술

이 마술은 무지개 색깔의
끈에 링을 넣어다가 뺐다가
하는 알쏭달쏭하고 재미있는
마술이다.

마술사는 무지개 색깔의 끈
과 링을 보여 주면서 관객을
한 명 무대로 초대해 무지개
색깔의 끈을 양손으로 걸쳐
서 잡게 한다. 도저히 들어갈 수 없을 것 같은 링이 무지개 색깔의 끈에
걸리게 되는 마술인데, 어느새 걸려 있는 링이 끈 밖으로 나오기도 한
다. 이 마술을 보면, 뭔가 알 것 같기도 한데 잘 모르겠는 그런 마술이
다. 나는 이렇게 관객을 무대로 초대해서 함께 마술에 참여시키는 마
술을 참 좋아한다.

연출 영상　　　　해법 영상　　　　도구 구입

 연출 멘트

1) 여기 무지개 끈과 링이 있습니다.

2) 관객 한 분을 모시겠습니다.

3) 양손에 엄지척을 해 주세요. 무지개 끈을 걸어 보겠습니다.

4) 링과 무지개 끈에 마술을 걸면, 이렇게 링이 끈에 걸려 버립니다.
　　신기하죠?

5) 다시 링을 잡고 몇 번 움직여 주면, 링이 무지개에서 빠져나오는
　　신기한 마술입니다.

4. 삐에로 색깔 입히기 (Colourful Pierrot) 마술

이 마술은 백지에 마술로 그림을 그리는 마술이다.

기성품으로 제작이 되어 있는 마술 도구가 있지만, 나는 나의 캐릭터 초상화를 넣어서 세상에 단 하나밖에 없는 나만의 마술 도구를 만들어서 사용하고 있다.

종이에 색연필로 그림을 그리는 연기를 한다. 그러면 병채로통채로 초상화 밑그림이 나오게 되고, 다시 한번 색연필로 색칠하는 연기를 하면, 밑그림만 있던 병채로통채로 초상화에 멋지게 색깔이 칠해진 완성된 초상화가 나오는 마술이다.

이 마술을 통해, 잠시나마 색연필과 빈 책을 가지고 마술가 아닌 화가가 되어 보는 즐거운 경험을 하곤 한다. 밑그림만 있던 초상화에 색깔이 입혀지는 순간 관객들의 박수가 터져 나온다. 마술이 단순하기 때문에 조금만 연습하면 누구나 할 수 있고, 여러분도 각자의 개성이 담긴 그림을 넣어 제작해서 사용해 보라고 권하고 싶다. 사람들에게 나를 기억시키는 아주 좋은 마술이다.

연출 영상   해법 영상   도구 구입

 연출 멘트

1) 여기 하얀 종이가 있습니다.
2) 색연필로 종이에 마술을 걸어 보겠습니다.
3) 저의 얼굴이 담긴 초상화 밑그림이 나왔네요.
4) 다시 한번 마술을 걸어 보겠습니다.
5) 이번에는 색칠이 칠해져 있는 초상화가 완성이 되었습니다.
6) 세상에서 초상화를 가장 빨리 그리는 마술사입니다.

5. 불타는 지갑 (Fire Wallet) 마술

이 마술은 지갑에 불이 활활 타오
르는 마술이다.

어디에서나 볼 수 있는 흔한 지갑
이다. 지갑 안에 사진도 있고 지폐
도 있다. 지갑에 마술을 걸고, 지갑
을 펼치면 지갑에서 활활 불이 타오
른다. 지갑을 닫으면 불도 꺼지게
된다.

불을 다루는 마술은 사람들에게 굉장히 강렬한 인상을 남기게 된다.
또한 사람들의 이목을 한 번에 집중시키는 데도 매우 효과적이다. 말
을 하면서 할 수도 있고, 말을 하지 않고 연기를 통해서도 충분히 보여
줄 수 있는 마술이다.

사전 준비가 조금 필요한 마술이기 때문에, 충분한 연습을 해야 하
고, 불을 사용하는 마술이다 보니 연습과 실제 공연 과정에서 화재가

나지 않도록 주의를 기울여야 한다.

| 연출 영상 | 해법 영상 | 도구 구입 |

 연출 멘트

1) 공연을 하러 오는 길에 지갑을 하나 주웠습니다.

2) 지갑 안에는 사진 한 장과 천 원짜리 지폐 말고는 아무것도 없습니다.

3) 뭔가 지갑이 따뜻해지는 거 같습니다.

4) 아앗! 지갑을 펼쳤더니 불이 타오릅니다!

5) 다행히 지갑을 닫았더니 불이 꺼지는군요.

6) 지갑에 불이 붙었지만, 가족사진과 지폐에는 아무 이상이 없습니다.

6. 종이 롤 (White paper roll) 마술

이 마술은 평범한 종이컵에 물을 부어서 마술을 걸면 물이 사라지는 마술이다. 이 마술에 조금 응용을 하면 종이컵에서 종이 롤이 한참 나오게 되는 신기한 마술이다.

겉으로 보기엔 평범해 보이지만, 사람들이 모르는 트릭이 담겨 있는 마술이 참 많다. 일상생활에서 늘 사용하는 종이컵에 물을 부었을 때, 물이 사라지는 마술은 간단하기 때문에 더 놀라운 마술이다. 여기에 종이 롤을 더해 극적인 효과를 연출할 수 있다. 이 마술은 무대 마술로 활용할 수도 있고, 관객과 소통하면서 진행할 수도 있어서 활용도가 높은 마술이다.

이 마술은 사전 준비가 필요하고, 도구에 대한 이해가 충분히 되어야 하는 마술이다. 실제 공연을 하기 전에 많이 준비를 해 보고 연습을 해야 마술을 완전히 이해하고 잘 활용할 수 있다.

연출 영상

해법 영상

도구 구입 1

도구 구입 2

 연출 멘트

1) 여기 종이컵이 하나 있습니다.

2) 종이컵에 물을 부어 보겠습니다.

3) 마술을 걸어 보겠습니다.

4) 종이컵을 뒤집어도 물이 쏟아지지 않고 사라져 버렸습니다.

5) 물은 사라졌지만, 물 대신 이렇게 멋진 롤이 나오는 신기한 마술
   입니다.

인생은 코믹팔러 마술 같다, 마술이 답이다

이제 막 마술에 입문하거나, 마술을 배우고 싶은 분들에게 꼭 해 주고 싶은 말이 있다.

코믹팔러 마술은 문화예술이지만 사실상 고도의 기술이 요구된다. 처음에는 쉽게 생각했다가 포기하는 경우도 더러 생긴다. 그래서 여러분들도 이런 전철을 밟지 않도록 마술을 쉽게 배우는 방법을 알려 드린다.

우리가 학교 다닐 때 열심히 책을 본다고 공부를 잘하는 것이 아니라는 것을 안다. 즉 공부하는 방법을 알면 좀 더 쉽게 많은 것을 습득할 수 있다. 코믹팔러 마술도 마찬가지로 전문가에게 배우는 것이 제일 좋은 그 방법일 것이다. 요즈음은 전문가에게 배우는 방법도 다양하다. 책이나 유튜브를 통해서 배울 수도 있고, 직접 배울 수도 있다. 그것은 본인들의 여건에 따라 선택하시면 된다.

마술도 다양한 분야가 있다. 나는 코믹스럽고 재미있는 마술을 선호한다. 사람마다 취향이 다르듯이 자신에게 맞는 종류의 마술을 찾아 배우는 것이 제일 좋겠지만, 처음에는 다양한 마술을 골고루 접해 보는 것도 좋다고 생각된다.

직업으로서의 마술사가 아니라면, 본인의 사업에 활용하면 좋은 마술을 배우시라. 만약 내가 공무원이라면, 시민들에게 시정을 홍보하는 코믹팔러 마술하는 것도 좋고, 경로당이나 지역아동센터 등 봉사활동을 할 곳은 얼마든지 많다.

병채로통채로 이병채는 실크나 로프를 이용한 코믹팔러 마술을 권하고 싶다. 조금만 연습하면 로프를 이용한 수많은 마술을 구사할 수 있게 된다. 상대방에게 가르쳐 주는 재미도 있는 코믹팔러 마술이 줄마술이다. 장비를 이용한 마술은 쉽게 따라 할 수 있다. 초보자일 경우 마술 도구를 이용해서 바로 가정이나 직장에서 공연도 할 수가 있다.

여러분 주저하지 마시라. 코믹팔러 마술 입문은 선배 전문 마술사의 지도를 받는 것이 경제적이고 실력도 일취월장할 수 있다고 감히 제안한다.

나는 할 수 있다. 나는 성장할 수 있다. 나는 성공할 수 있다. 나는 해낼 수 있다.

여러분을 진심으로 응원한다.

이 희 만

2016년 봄, 나는 시골로 귀향을 했다. 도시에서 시골로 내려온다는 것이 쉬운 결정이 아닌데 집사람도 선뜻 응해 줬기 때문에 가능했다. 행정구역상 전주'시(市)'지만 도농도시였다. 무늬만 도시지 말 그대로 농촌 마을이라 새벽에 새소리가 얼마나 시끄러운지 새소리에 눈을 뜨고 밭이나 논에 뿌리는 거름 냄새에 머리가 아픈 게 괜히 내려왔다고 후회도 했다. 하루 종일 자전거를 타고 마을을 돌아다녀 봐도 나이 먹은 사람만 보이고 말벗이 없으니 이러다 나는 치매라도 걸리는 게 아닌가 하는 쓸데없는 생각이 들 정도였다. 그렇게 1년을 허송세월하던 중, 공무원 연금공단을 찾아가 공단에서 실시하는 강좌가 없나 상담하다가 마술을 접하게 되었다.

마술을 배워 집사람한테 보여 주니 집사람 하는 말이, "남 속이는 기술이구먼!"

집사람 말을 한 귀로 흘려 듣고 시작한 마술이 이제는 요양원이나 어린이집을 다니며 봉사 공연도 하고 삶의 의미를 찾게 된 덕분에, 나의 삶은 점점 긍정으로 바뀌며 활력을 되찾았다. 하지만 마술 공연을 하면서도 무언가 부족함을 느끼고, 집사람 말대로 남을 속이는 일만 하는 거 아닌가? 하는 생각이 들며 마술이 시들해졌다. 마술 공연을 하고 싶은 생각도 차츰 없어지고 공연을 할 때도 대강하고 마는 나 자신을 보고 이런저런 고민을 할 때에, 우연히 제이엘(JL)이라는 마술 도구 유통 기업을 통해 강사연합회 주관하는 세미나에 참석할 기회가 있었다. 이 세미나에서 마술의 다양성을 다시 한번 확인하게 되면서 이 경험이 새로운 꿈과 목표를 갖고 마술을 처음부터 다시 점검하며 배우는 계기가 되었다.

나는 단 한 번도 정년퇴임을 하고 나서 어떻게 노년을 아름답고 보람 있게 보낼 것인가 하는 생각을 해 본 적이 없었다. 자칫 의미 없는 노년을 맞이했을 뻔한 내가, 다행히 시골로 내려온 덕분에 늦게나마 재능기부와 봉사를 통해 노년의 생활에 인생의 의미를 깨닫고 하루하루 즐겁게 살고 있다.

한 가지 더 추가한다면, 마술을 배워서 자원봉사로 재능 기부를 하며 다양한 사람을 만나 친분을 쌓다 보니 그분들이 가지고 있는 특기들을 접하며 자연스럽게 그분들에게 장구와 창도 배우고 선비 춤과 복화술까지 다양하게 배우게 되면서 내 나이 70이 넘었다는 것이 무색할 정도로 왕성한 활동을 하고 있다.

난 이렇게 말하고 싶다. 정말 나이는 숫자에 불과할 뿐 지금도 늦지 않았다고, 도전하라고 말이다.

1. 하트 실크 스트리머 (Heart silk streamer) 마술

이 마술은 모자에서 예쁜 실크가 마치 폭포수처럼 떨어져 내리는 마술이다.

마술사가 쓰고 있던 모자를 벗어서 손에 들고 모자에 마술을 건다. 그리고 모자를 기울이면 모자에서 하트 무늬가 있는 실크가 떨어져 내리는데, 반복되는 하트 무늬 때문에 시각적으로 매우 좋은 효과가 있다.

이 마술은 주로 무대 마술로 사용하는데, 공연 초반에 많이 사용한다. 모자를 굳이 쓰고 있지 않고 손에 들고 나와서 해도 좋고, 모자에서 나온 실크 스트리머를 이용해 다음 마술로 연결해 가는 것도 좋은 방법이다.

사전 준비가 간단하기 때문에, 초보 마술사에게는 쉬우면서 보여지는 효과가 좋아서 꼭 추천하고 싶은 마술이다. 특히 어린 아이들을 대상으로 하는 공연이나 노년층을 대상으로 하는 공연에서는 더욱 관객 반응이 뜨겁고 좋다. 모자를 기울이는 정도에 따라 실크가 내려오다가 멈추기도 하고 다시 내려오게 할 수도 있기 때문에 이 부분을 충분히 연습하면 좋다.

연출 영상　　　　해법 영상　　　　도구 구입

 연출 멘트

1) 모자에 마술을 걸어 보겠습니다.

2) 하나, 둘, 셋!

3) 예쁜 실크가 끝없이 나오네요~ 멋지죠?

2. 풍선 일루전 (Balloon Illusion Box) 마술

이 마술은 풍선을 상자에 넣고 큰
바늘을 여러 개 찔러 넣는 마술이다.

마술사는 검은색 상자를 꺼내 안
에 아무것도 없다는 것을 확인시켜
준다. 그리고 풍선을 상자에 거의 꽉
찰 정도로 크게 불어 상자에 넣는다.
이어서 길다란 바늘을 상자의 좌우
앞뒤 여러 각도에서 찔러 넣는다. 풍
선이 터지지 않고 잘 있다가, 그만 마지막 바늘에서 풍선이 터지고 만
다. 마술사가 당황한 표정으로 터져 버린 풍선 조각을 꺼내 보여 주고
는 다시 상자에 넣고 바늘을 모두 뽑아낸다. 그리고 마술을 걸면, 놀랍
게도 풍선이 나오게 되는, 그야말로 반전 매력이 있는 마술이다.

이 마술은 풍선으로 사전 준비를 하는 연습과 바늘을 찔러 넣는 연습
을 많이 해 봐야 한다. 충분히 익숙해지면, 관객들과 소통하면서 진행하

기에 아주 좋은 마술이고, 생각지 못한 반전에 관객들은 깜짝 놀라고 만다. 특히, 바늘을 한 개 한 개 찔러 넣을 때 긴장감 가득한 표정, 그리고 풍선이 터졌을 때 실수해서 당황하는 듯한 표정 연기를 잘 살려 내면 관객들을 완전히 마술사의 팬으로 만들어 낼 수 있는 그런 마술이다.

| 연출 영상 | 해법 영상 | 도구 구입 |

 연출 멘트

1) 여기 상자가 하나 있습니다. 상자 안에는 아무것도 없습니다.

2) 풍선을 상자 안에 넣도록 하겠습니다.

3) 이번에는 길고 날카로운 바늘을 여러 방향에서 찔러 넣어 보겠습니다.

4) 풍선이 터지지 않습니다.

5) (마지막 바늘에서 풍선이 터지는 소리가 나고) 아, 이런 풍선이 터져 버렸네요.

6) 제가 아직 연습이 부족한가 봅니다.

7) (바늘을 모두 뽑아내고 나서) 하지만, 이대로 실패할 수는 없으니까 상자에 마술을 걸어 보겠습니다. 하나, 둘, 셋!

8) 이렇게 풍선이 나왔습니다!

3. 지엠 판타지 (GM Fantasy) 마술

이 마술은 작은 노트에 그려진 꽃 그림이 진짜 꽃으로 만들어지는 정말 신기한 마술이다.

테이블 위에 있는 화병에는 꽃이 없이 줄기와 이파리만 있는 꽃대가 여러 개 있다. 마술사는 색연필을 들고 작은 노트에 꽃을 그려서 보여 준다. 그리고 이 노트를 화분에 갖다 대면, 꽃대에 노트에 그려져 있는 꽃과 같은 색깔의 꽃이 예쁘게 피어 있다.

사실 이 마술은 난이도가 조금 있는 마술이다. 사전 준비는 크게 어렵지 않은데, 연출 과정에서 관객과의 거리, 각도, 연기에 신경을 많이 써야 하는 마술이다. 큰 거울 앞에서 연습을 하거나, 휴대폰으로 연습 영상을 찍어서 자꾸 보고 교정을 해야 내 마술이 되는 조금 까다로운 마술이다. 특히 마지막 꽃이 나타나는 부분은 몇 배나 더 연습을 해야 하는 부분이어서 이제 막 시작하는 초보 마술사들에게는 조금 어려울 수 있으나 부단한 연습을 통해 완전히 익히면 프로 마술사 못지않은 멋진 마술을 보여 줄 수 있다.

| 연출 영상 | 해법 영상 | 도구 구입 |

 연출 멘트

1) 테이블 위에 화병이 있는데 꽃은 없고 꽃대와 이파리만 있네요.

2) 색연필로 노트에 꽃을 그려 보겠습니다. 빨간색 꽃입니다. 잘 그렸나요?

3) 노트를 꽃대에 가져다 대면, 신기하게도 빨간색 꽃이 나타납니다.

4) 이렇게 노란색, 파란색 꽃도 차례대로 만들어 보겠습니다.

5) 이번에는 손수건으로 마술을 걸어 보겠습니다.

6) 흰색 손수건과 같은 흰색 꽃이 피어났습니다.

4. 캐릭터 드림백 (Character Dreambag) 마술

이 마술은 아무것도 없는 종이 가방에서 캐릭터 종이 인형이 나오는 마술이다.

마술사는 쇼핑백처럼 생긴 종이 가방을 들고 안에 아무것도 없는 것을 확인시켜 준다. 종이 가방에 마술을 걸면 캐릭터 종이 인형이 3개나 나오게 되고, 마지막 반전으로 종이 가방 자체가 캐릭터 인형으로 변신하게 되는 마술이다.

드림백이라고 하는 기존에 있던 마술을 응용해서 만들어진 마술인데, 입체감과 색감이 좋아서 시각적 효과가 뛰어난 마술이다. 특히 어린아이들에게 인기 최고의 마술이다. 사전 준비가 어렵지 않고 연출 과정도 어렵지 않다. 초보 마술사에게는 단일 도구로 긴 시간 동안 마술을 할 수 있기 때문에 매우 좋은 마술이다. 음악을 틀어 놓고 연출을 해도 좋고, 관객과 이야기를 나누며 진행해도 좋다.

남녀노소 누구에게나 인기 있는 마술이지만, 특히 어린아이들을 대상으로 하는 공연에는 꼭 활용해 보기 바란다. 정말 쉽게 사이즈가 큰 마술을 보여 줄 수 있다.

연출 영상   해법 영상   도구 구입

 연출 멘트

1) 여기 종이 가방이 있습니다. 안에는 아무것도 없습니다.

2) 종이 가방에 마술을 걸어 보겠습니다. 하나, 둘, 셋!

3) 멋진 종이 인형 친구가 나왔네요!

4) 역시 종이 가방 안에는 아무것도 없습니다.

5) 다시 한번 마술을 걸어 보겠습니다. 하나, 둘, 셋!

6) 또다시 종이 인형 친구가 나왔습니다.

7) 이번에는 특별한 마술을 걸어 보겠습니다. 수리수리 마수리!

8) 종이 가방이 큰 종이 인형으로 변신했습니다.

5. 박스 오브 다이스 (Box of Dice) 마술

이 마술은 아래위가 뚫려 있는 기둥 같은 모양의 상자에서 여러 개의 우산을 만들어 내는 마술이다.

마술사는 상자를 들어서 관객에게 확인을 시켜 준다. 상자를 내려놓고, 빨간색 손수건을 덮어 마술을 걸고 손수건을 들어 올리면 빨간색 우산이 나타난다. 노란색 손수건을 이용해 노란색 우산을, 초록색 손수건을 이용해 초록색 우산을 만들어 낸다. 이런 방법으로 우산을 4개 만들어 낼 수 있다.

꼭 우산이 아니어도 여러 가지 물건을 만들어 낼 수 있기 때문에 공연을 관람하는 대상에 따라 다양한 마술을 연출할 수 있다. 이런 마술은 사실상 도구가 제일 큰 역할을 하기 때문에 마술사는 도구를 잘 이해하고 실수 없이 잘 연출하기만 하면 된다. 그렇기 때문에 좋은 도구가 있으면 좋은 마술을 보여 줄 수 있다는 말이 과언이 아니다. 이동 수단을 고려해서 여건이 된다고 하면, 이런 종류의 마술 도구는 하나쯤 장만을 해도 충분히 본전을 뽑을 수 있을 만큼 좋은 마술이기 때문에 적극 추천한다.

| 연출 영상 | 해법 영상 | 도구 구입 |

 연출 멘트

1) 여기 아래위로 뚫려 있는 기둥처럼 생긴 상자가 있습니다.

2) 노란색 손수건이 있습니다. 손수건을 상자 위에 덮어놓고 마술을 걸면,

3) 노란색 우산이 나왔습니다!

4) 이번에는 빨간색 손수건입니다. 함께 마술 주문을 외쳐 볼까요?

5) 하나, 둘, 셋!

6) 빨간색 우산이 나왔습니다!

소통하는 마술이 재미있다

마술 공연을 하면서 관객과 즐겁게 소통하며 재미있게 할 수 없을까? 얼마든지 할 수 있다!

이 책을 통해 마술을 배우고 하는 초보 마술사들 모두가 얼마든지 마술 공연을 할 때 관객들과 재미있게 소통하며 즐길 수 있는 방법을 알려 주겠다.

이제 막 마술을 배우기 시작했거나, 무대에서의 실전 경험이 많지 않은 사람은 대중들 앞에 섰을 때, 당연히 주눅도 들고 긴장도 되는 탓에 몸이 굳고 실수를 하게 된다. 음악을 틀어 놓고 거기에 맞춰 마술 공연을 보여 주는 것이 처음에는 누구나 다 어색하게 느껴진다. 하지만 스토리텔링을 하면서 마술 공연을 하면 이런 어색함도 많이 적어지고, 실수도 상대적으로 덜 하게 되어 좋다.

예를 들어, 신문지에 물을 붓는 마술을 한다고 치자.

공연을 하는 장소마다 다르겠지만, 공연 장소가 재가센터 요양원이라면, 관객에게 (호칭은 적절하게) 이렇게 말을 한다.

"여기 신문지가 있습니다."

그리고 신문지에 물을 붓기 전에, 공연을 관람하는 어르신에게 이렇게 묻는다.

"이곳 선생님들께서 어르신들에게 친절하게 잘 해 주십니까? 만약 선생님들께서 친절하게 안 해 주시면, 이 신문지에 물을 부을 때 물이 쏟아져서 결국 선생님들이 물 청소를 해야 해서 번거로우실 거고, 반대로 어르신들에게 잘 대해 주시면 물이 쏟아지지 않습니다."

이렇게 말을 하고 신문지에 물을 붓고, 신문지를 한 바퀴 돌려 주면서,

"선생님들이 잘해 주셔서 물이 쏟아지지 않네요. 맞나요? 맞으면 박수 한 번 보내 주세요!"

이렇게 말을 하면서 연출을 하면, 훨씬 재미도 있고 공감대도 형성되고 해서 좋다. 물론 어느 정도 쇼맨쉽도 필요하다.

종이컵에 물을 붓고 물이 사라지는 마술을 할 때도, 선생님 한 분을 무대로 초대해서 물을 넣은 종이컵을 선생님의 머리 위에 올려놓고 이렇게 말을 한다.

"사랑이 넘치면 컵 안에 물이 없어지고, 그렇지 않으면 물이 쏟아집니다~"

그리고 나서 서로 마주 보게 하고 큰 소리로 외치게 한다. "사랑해요!" 혹은 "당신은 좋은 사람!" 그리고 나서 종이컵에 물이 사라지면 마술도 마술이지만, 분위기도 훨씬 즐겁고 좋다.

나는 이렇게 마술 공연을 하는 것을 좋아한다.

나는 우여곡절 끝에 2022년 '대한민국 청춘마술연합회' 7대 회장을 맡게 되었고, 같은 해 6월에 시니어와 실버 마술인들의 축제인 '어울림 국제예술 축제협회 마술대회'를 개최하여 매년 실시해 오고 있다.

이 대회는 여느 다른 마술대회와는 달리 마술인에게 꼭 필요하다고 생각되는 5가지 분야, 즉 "연기, 마임, 마술, 복화술, 풍선아트"로 구분해 경연과 세미나를 실시하며 참가자들로부터 뜨거운 호응을 얻고 있다.

우리는 마술을 사랑하는 모든 사람들이 이 자리를 빌려 함께 소통하고 서로에게 배우면서 행복한 일상을 누리길 소망한다. 여러분의 참여를 환영한다. 언제든지 문을 두드리시라.

조 동 희

마술 학과에 겸임 교수로 출강하면서 학생들과 함께 해외 연수로 일본에서 열리는 마술 컨벤션에 방문할 수 있는 기회가 있었다. 일본에는 크고 작은 마술 컨벤션이 많이 열린다고 들었던 터라 내심 기대를 하고 갔는데, 막상 현지에 도착을 해 보니 도시가 아니라 조금은 한적한 휴양지 느낌이 드는 온천 관광 지역이어서 의외라는 생각이 들었다.

아무래도 많은 사람들이 쉽게 올 수 있도록 교통이나 숙박 등 편의시설이 좋은 도시에서 컨벤션 행사를 하는 것이 좋지 않나라는 생각을 했었는데, 다음 날 행사장에 들어가 보고 나서야 왜 장소가 이런 곳에서 열리는지 이해를 할 수 있었다. 컨벤션 행사장에 와 있는 상당수의 사람들이 장년층과 노년층이었다. 행사장 안내, 무대 스탭, 관람객 등등 젊은 사람들보다는 장년부터 노년층이 훨씬 더 많았다.

전체 일정 중에, 유명 해외 마술사를 초청해서 강의를 듣는 순서가 있었는데, 강의를 마치자마자 행사장 뒤쪽부터 많은 노인들이 득달같이 달려들어서는 사전에 준비해 둔 마술 도구들이 순식간에 완판되는 모습이 참 인상적이었다. 좋은 마술 도구를 차지하고 싶은 마음은 마술을 좋아하는 사람이라면 누구나 당연한 것이지만, 거의 달려오다시피 앞으로 나와 마술 도구를 구매하는 노인들을 바라보며, 그들의 마술에 대한 뜨거운 열정과 관심이 얼마나 대단한지 다시 한번 느낄 수 있었다. 그들이 현역으로 활동을 하는 마술사들인지, 매니아층인지, 취미 정도로 마술을 즐기는지는 잘 모르겠으나, 일본의 노년층 마술 인구가 매우 많고 활성화되어 있다는 것만큼은 분명한 사실이다.

　한국에 마술 붐이 막 일어나기 시작한 2000년 전후만 해도 대부분의 마술 인구는 학생들부터 젊은 청년들이었다. 하지만 최근에는 전국에 걸쳐 마술을 향유하는 실버들이 정말 많아졌다. 동아리부터 협회에 이르기까지 크고 작은 커뮤니티를 형성해 정보를 교환하고 마술을 배우며, 삼삼오오 모여 봉사 공연이나 강의를 하면서 즐겁고 의미 있는 노년을 보내는 그들을, 우리는 실버 마술사라고 부른다. 한국의 수많은 실버 마술사들에게, 그들의 삶 속에서 마술처럼 즐겁고 신기한 일들이 많이 일어나길 진심으로 응원한다.

1. 로프 자르기 (Rope) 마술

이 마술은 긴 로프를 가위로 잘랐 다가 다시 붙이는 마술이다.

긴 로프를 상대방에게 이상이 없 다는 것을 확인시켜 주고 나서, 마 술사가 로프의 가운데 정도 되는 부 분을 가위로 자른다. 혹은 상대방에 게 가위를 주고 잘라 달라고 요청하 기도 한다. 잘라진 로프의 끝을 묶어

매듭을 만들고 손에 감아 마술 주문을 걸고 나면, 잘라져 매듭을 묶었 던 부분이 사라지고 온전한 로프로 다시 붙어 있게 되는 마술이다.

이 마술은 특별한 사전 준비가 필요하지 않아서, 언제 어디에서나 로 프와 가위만 있으면 즉석에서 보여 줄 수 있다. 마술사인 내가 혼자서 진행을 할 수도 있고, 관객을 앞으로 불러 로프를 자르는 보조 역할로 참여시킬 수도 있다. 강철 로프가 아닌 이상, 가위로 잘라지는 대부분

의 로프가 모두 가능하다. 연출 과정에 있어서 한두 사람 앞에서 작게 보여 주는 것도 가능하고, 여러 사람 앞에서도 충분히 보여 줄 수 있어서, 약간의 쇼맨쉽과 자신만의 멋진 멘트를 만들면 상대방과의 소통이라는 면에서도 좋은 소재로 활용할 수 있다.

마술을 이제 막 배우기 시작했던 초보 시절에 배운 마술인데, 그때나 지금이나 여전히 사람들이 신기해하는 마술이다. 사람들과의 만남 속에서 내가 마술을 한다는 얘길 듣고 갑자기 마술을 보여 달라고 하는 사람들에게 이 마술을 보여 주려고 했을 때, 마침 적당한 로프가 없어서, 운동화 끈이나 군화 끈을 가지고도 이 마술을 해 본 적이 있을 정도로 즉석에서 보여 줄 수 있는 인기 만점의 마술이다.

연출 영상 　　　해법 영상 　　　도구 구입

1) 여기 로프가 하나 있습니다.

2) 혹시 로프에 이상이 있는지 함께 확인을 해 보도록 하겠습니다.

3) 로프 끝을 잘 잡아 주세요! (한쪽 끝을 잡고 세게 당기며) 혹시 이
   상이 있나요?

4) 좋습니다. 그러면 제가 로프를 이렇게 잡고 자르도록 하겠습니다.

5) 앞에 계신 관객분께서 가위로 이 부분을 잘라 주세요.

6) 네, 도와주셔서 감사합니다.

7) 이렇게 로프가 잘라졌습니다.

8) 이제 로프를 손에 잘 감구요, 주머니에서 마술 가루를 가져다 뿌
   려 보겠습니다.

9) 혹시 마술 가루가 여러분 눈에도 보이셨나요?

10) 못 보신 분들을 위해서, 한 번 더 마술 가루를 뿌려 보겠습니다.

11) 앞에 계신 관객분께서 이렇게 로프 한쪽을 잡아 주시구요, 천천
    히 당겨 주세요.

12) 네~ 잘라진 로프가 다시 붙어 버렸구요, 제 손에는 아무것도 없
    습니다.

13) 도와주신 관객분에게 큰 박수 부탁드립니다. 감사합니다.

2. 매직 캔디 박스 (Magic candy box) 마술

이 마술은 아무것도 없는 작은 상
자에서 물건이 나오게 하는 마술이
다.

상자의 안쪽을 상대방에게 보여
주고, 아무것도 없는 빈 상자라는 것
을 확인시켜 준다.

뚜껑을 덮고 마술을 걸어 주고 나
서 다시 뚜껑을 열면 상자 안에는 캔
디나 과자가 가득 들어 있다.

이 마술 도구는 크기가 작고 플라스틱 재질로 되어 있어서 가볍기 때
문에 휴대가 용이하다. 마술로 나오게 할 물건을 미리 준비해서 세팅
을 해야 하지만, 세팅 과정이 어렵지 않고 금방 할 수 있어서 실제 사용
이 어렵지 않다. 크기가 조금 작긴 하지만, 상자 안에 들어갈 수 있는
물건을 적절하게 활용하면 상황과 관객에 따라 다양한 마술로 보여 줄

수 있다. 캔디, 과자, 지폐, 시계, 스펀지볼 등등 상자 안에만 들어갈 수 있다면 어떤 것이든 마술로 나오게 하는 것이 가능하다. 무엇보다 저렴한 비용에 비해 활용도가 높아서 가성비 좋은 마술이라 할 수 있다.

아무것도 없는 상자에서 물건이 나온다는 것은 마술이라는 단어가 주는 느낌과 가장 부합한다. 나는 주로 어린아이들에게 이 마술을 보여 줄 때는 사탕이 나오게 해서 나누어 주거나, 청소년 혹은 성인들을 대상으로 할 때는 지폐가 나오는 마술로 보여 주는 것을 즐겨 한다. 프로포즈를 준비하는 젊은이들이 프로포즈용 반지나 목걸이를 나타나게 하는 깜짝 이벤트용으로도 많이 배워서 활용하기도 한다.

| 연출 영상 | 해법 영상 | 도구 구입 |

💬 연출 멘트

1) 여기에 작은 상자가 하나 있습니다.
2) 상자의 안쪽을 보여 드리겠습니다.

3) 이제 뚜껑을 덮고 마술을 걸어 보겠습니다.

4) 하나, 둘, 셋!

5) 사탕이 가득 만들어졌습니다.

6) 박수를 많이 보내 주시는 분들에게 하나씩 나누어 드리겠습니다.

3. 도브 북 (Dove Book) 마술

이 마술은 마술책에서 책보다 두 꺼운 물건을 만들어 내는 마술이다.

마술사는 책을 들고, 책 표지를 열어 관객에게 보여 준다. 가령, 캔 음료수를 마술로 만들어 낼 것이라면, 캔 음료가 그려진 종이 한 장을 관객에게 보여 주고, 종이를 책갈피에 넣고 책 표지를 덮는다. 그리고 마술을  거는 동작이나 주문을 걸고 책 표지를 열면서 책 안에서 캔 음료를 꺼낸다.

이 마술을 통해서 다양한 물건을 만들어 낼 수 있는데, 작은 캔 음료수부터 병, 빵, 과자, 과일 등등의 물건부터 비둘기 같은 살아 있는 동물도 나오게 할 수 있다. 많은 마술사들이 비둘기가 그려진 그림이나, 종이로 새 모양을 접어 책 표지에 넣고 마술을 걸어 비둘기가 나오는 마술을 보여 주곤 한다. 또는 책의 크기에 따라 와인병이나 통닭이 나오게 할 수도 있다.

    일반적으로 비둘기와 같은 살아 있는 동물이 나오는 마술은 습득하기가 어렵고 많은 연습을 필요로 한다. 하지만, 이 마술은 비교적 간단하게 비둘기를 만들어 낼 수 있다는 점에서 매우 훌륭한 마술이다. 이 마술에 대한 이해가 충분하지 않으면 그냥 책에서 물건이나 비둘기를 나오게 하는 것으로 단순하게 연출을 하게 되는데, 마술 도구의 특성을 살려 '그림'이 '실제 물건'이 나오게 하는 방법으로 연출하는 것이 가장 좋으며, 책보다 두꺼운 물건이 나왔을 때 관객의 입장에서 더 신기하게 느껴진다. 그래서 비둘기를 많이 사용하는 것일지도 모르겠다. 마술 도구의 특성을 충분히 이해하는 것이 중요하다.

연출 영상   해법 영상   도구 구입

💬 연출 멘트

1) 여기 마술책이 한 권 있습니다.

2) 그리고 다른 한 손에는 바나나가 그려져 있는 종이가 있습니다.

3) 바나나 그림이 있는 종이를 이렇게 책에 넣고 표지를 덮겠습니다.

4) 마술 주문을 걸어 보겠습니다. 하나, 둘, 셋!

5) 책에서 바나나가 나왔습니다!

4. 로프 투 실크 (Rope to Silk) 마술

이 마술은 로프가 손수건으로 바
뀌는 마술이다.

마술사는 길다란 로프를 손에 들
고 평범한 로프라는 것을 확인시켜
준다. 로프를 손에 감아쥐고 마술을
걸면, 마치 최면에 빠진 것처럼 똑바
로 서 있기도 하고, 한순간 손수건으
로 변하기도 한다.

이 마술은 조작이 간단하고 여러 사람 앞에서 보여 줄 수 있는 마술
이어서 실버 마술사들에게는 매우 적합한 추천 마술이라고 할 수 있
다. 로프에 최면을 걸어 똑바로 서게 할 때, 긴장감 있는 음악과 함께
연출을 하면 매우 신기한 장면을 만들어 낼 수 있다. 로프에 걸린 최면
을 풀어 주고, 로프를 죽 잡아당기면 어느새 마술사의 손에는 로프가
아닌 손수건이 들려 있다.

이 마술을 처음 보았을 때 무대 위에서 마술사가 로프를 손수건으로 바꾸어 이마에 흐르는 땀을 닦는 모습을 보았는데, 어떻게 로프가 손수건으로 바뀔 수 있는지 마냥 신기했다. 정말 마법처럼 보였던 마술이다. 단순히 로프가 손수건으로 바뀌는 마술을 보여 줄 수도 있고 손수건이 필요한 다른 마술과 연계해서 응용하여 활용할 수도 있다. 시안성이 좋아서 무대에서도 충분히 관객의 시선을 집중시킬 수 있는 마술이다.

연출 영상   해법 영상   도구 구입

 연출 멘트

1) 여기 로프가 하나 있습니다.

2) 이렇게 로프를 손에 감아쥐고 최면을 걸어 보겠습니다.

3) 하나, 둘, 셋! 로프가 최면에 걸려서 마치 막대기처럼 곧게 서 있습니다.

4) 이제 최면을 풀고 다른 마술 주문을 걸어 보겠습니다.

5) 하나, 둘, 셋! 로프가 손수건으로 바뀌어 버렸네요!

마술을 하는 사람들과의 교류가 꼭 필요하다

세상에서 가장 오래된 직업 중 하나라고 하는 마술은 오래전부터 도제식 교육을 기본으로 하여 전해져 왔다. 마술을 통치와 억압의 수단으로 사용했다는 판타지 영화에서나 보았던 그 시절부터, 때로는 집안의 생계의 수단으로써 아버지가 아들에게, 혹은 손자에게 마술의 비밀을 전수했다. 절대로 타인에게는 전달하지 않는. 한편으로는 당연하면서도 또 한편으로는 매우 이기적이고 폐쇄적인 방법이다. 하지만 그래 왔기 때문에 마술은 여전히 사람들에게 호기심의 대상이며, 눈 뜨고도 당한다는 말을 할 정도로, 보면 볼수록 신기하고 재미있는 것이 마술이다.

인터넷과 미디어가 발달하면서 요즘은 얼마든지 마술을 관람할 수 있고, 마술의 비밀을 알아낼 수도 있으며 이를 통해 독학으로도 마술을 습득하는 사람이 많다. 당장 유튜브에서 검색을 해 보면, 마스크를 쓰거나 모자이크를 한 수많은 사람들이 마술의 비밀을 폭로하고 있다. 처음에 마술을 시작하면서 그런 유튜브 채널을 만나게 되면, 무슨 보물 창고의 열쇠를 얻은 것처럼 신나고 좋다. 시간 가는 줄 모르고, 인터넷을 통해 마술의 비밀을 탐닉하지만 안타깝게도, 딱 거기까지이다.

마술의 비밀을 알게 되고, 연습을 해서 그 마술을 할 수 있다고 해도, 막상 마술을 사람들에게 보여 주는 과정에서 예상치 못한 실수를 많이 하게 된다. 때로는 열심히 준비한 마술을 전혀 사용하지 못하는 상황을 만나기도 한다. 이런저런 실수와 더불어 다양한 실전 경험을 충분히 쌓고 나서야 노련한 마술사가 될 수 있는 것인데, 이 과정에서 적지 않은 시간과 비용이 소모된다.

도제식 교육은 오랜 기간 축적된 실전 경험이 그대로 전수됨으로써 실수와 비용, 그리고 시간을 아껴 준다는 면에서 긍정적인 측면도 있는 것이다. 20여 년이 넘게 마술사로서 활동해 오면서 마술 교육에 있어서는 도제식 교육, 즉 사람에게 배우는 것이 가장 좋은 방법이라는 생각에는 변함이 없다. 하지만 이제 막 마술을 시작하는 대부분의 사람들은 이런 교육의 기회가 없다. 당장 주변에 마술학원을 찾기가 쉽지 않은 것이 현실이다. 그래서 대부분 마술 도구 쇼핑몰에 들어가서 연출 영상을 보고 무작정 도구를 구입하기 시작하는데, 실제로 구매 후에 사용하지 못하는 마술 도구들이 태반이다.

그래서 다른 마술사들과의 교류가 반드시 필요하다. 동아리 형태도 좋고, 온라인 카페나 밴드 활동도 좋다. 요즘은 다양한 단체나 협회라는 네트워크를 통해서도 많은 교류들이 이루어지고 있다. 이러한 커뮤니티를 통해 다른 사람이 실제로 공연을 하는 모습을 직접 보거나, 같이 다니면서 보조 역할을 해 보고 스탭 역할도 하면서 간접적으로나마 실전 경험을 쌓을 수 있다. 이런 과정에서 마술 도구를 보는 눈이 생기게 되고, 나에게 적합한 마술 도구를 골라서 순서를 정하고 나만의 공연 루틴을 만드는 노하우가 쌓이게 된다. 즉, 도제식 교육으로만 배울 수 있던 실전 경험들을 이러한 커뮤니티를 통해 얻을 수 있는 것이다.

이제 막 마술을 시작하는, 그리고 실버 마술사를 꿈꾸고 있다면 오프라인 혹은 온라인에서 비슷한 연령대의 마술하는 사람들이 모여 있는 커뮤니티를 찾아 문을 두드리라고 권하고 싶다. 국내에도 이미 많은 마술 관련 컨벤션이 열리고 있어서, 조금만 인터넷을 검색해 보면 어렵지 않게 찾을 수 있다. 어느 곳에서나 여러분을 환영해 줄 테니 용기를 내시라.

✦ 마술 도구 이름 표기에 대하여 ✦

  이 책에서 소개하는 마술에 대한 영문 표기는 널리 세계적으로 통용되는 정확한 마술 도구의 이름일 수도 있지만 그렇지 않은 경우도 많다. 마술의 이름을 표기하는 과정에서, 최초에 그 마술 자체가 지닌 이름을 표기하는 경우도 있고, 눈에 보여지는 마술의 현상을 한국식으로 쉽게 표현하여 새롭게 이름을 붙이는 경우가 있기 때문이다. 이것을 다시 영어로 직역하다 보니 완전히 다른 이름으로 표기가 되어 버리는 현상이 생기곤 하는데, 이 책에서는 독자들이 쉽게 마술 도구를 구입할 수 있도록 돕기 위해 마술 도구를 판매하는 업체의 표기 방식을 그대로 넣었다는 점을 알린다.

✦ 마술 도구 구입에 대하여 ✦

책 본문에 안내되어 있는 QR 코드를 통해 마술 도구를 구입하고자 했을 때, 간혹 링크가 사라져 원하는 도구가 나오지 않을 수 있다. 이것은 마술 도구를 판매하는 마술 도구 쇼핑몰의 자체 시스템에서 링크가 바뀐 탓이어서, 출판 이후에도 얼마든지 링크가 바뀔 수도 있다는 점을 양해해 주기 바란다. 이 부분을 보완하기 위하여, 직접 검색할 수 있는 마술 도구 용품 쇼핑몰을 안내하니 참고하기 바란다.

• 쇼핑몰 홈페이지 : https://jlmagic.co.kr/ (제이엘 매직)

• 대표번호 : 1688-7808

• 네이버 검색 : 제이엘매직

실버를 위한 **마술수업**

마술, 다시 청춘으로

ⓒ 박문수 · 박찬미 · 소경희 · 윤은주 · 이병채 · 이희만 · 조동희, 2024

초판 1쇄 발행 2024년 3월 15일

지은이   박문수 · 박찬미 · 소경희 · 윤은주 · 이병채 · 이희만 · 조동희
펴낸이   이기봉
편집   좋은땅 편집팀
펴낸곳   도서출판 좋은땅
주소   서울특별시 마포구 양화로12길 26 지월드빌딩 (서교동 395-7)
전화   02)374-8616~7
팩스   02)374-8614
이메일   gworldbook@naver.com
홈페이지   www.g-world.co.kr

ISBN   979-11-388-2847-5 (03690)